法律実務家のために

ひと目でわかる

欠陥住宅

簑原信樹
Minohara Nobuki

幸田雅弘
Kouda Masahiro

[編著]

発行　民事法研究会

はしがき

建築基準法は昭和25年に制定されて以来、技術革新による建築技術の進歩や社会情況の変化とともに改正され、特に大きな地震被害に遭うたびに改正され続けている。

建築基準法は、建築確認などの行政手続に関する規定と建物の性能に関する技術規準（単体規定）、都市計画的な規定（集団規定）の３つに分かれており、集団規定と単体規定によって近代都市化の課題解決を図ってきた。建物の性能に関する技術規準は改正され続けて現在に至っているが、一方では、常に欠陥建築が発生し続けているにもかかわらず建築基準法がこれに最近まで真剣に対応してきたとは言い難い。

阪神淡路大震災の教訓を経て、欠陥住宅の問題に取り組む弁護士も増えてきているし、今までの取組みの結果として『欠陥住宅被害救済の手引』（日本弁護士会連合会消費者問題対策委員会編・民事法研究会刊）が三版を重ね、『消費者のための欠陥住宅判例』（欠陥建築被害全国協議会編・民事法研究会刊）も第５集まで出版されている。欠陥住宅問題解決の手立てとなる多くの出版物が出されている。

しかし、建築基準法そのものが弁護士にとっても難解な法律の１つであるし、弁護士が建築用語を理解しないままに建築関係者とコミュニケーションを取っているのではないかと危惧される状況をよく見かける。

今から新しく取り組もうとする新人弁護士にもスムーズなコミュニケーションが行えるように、欠陥住宅問題に出てくる建築用語や建築の基本的なことがらについて平易な内容で書かれた解説書が望まれている。

本書は、このような意識の下で福岡建築環境問題研究会の会員によって作成されたものである。兵庫の木津田秀雄建築士には原稿段階で有用な意見をいただいた。欠陥住宅に関してよく出てくる用語や事象を選び、基本的なことをよりわかりやすいように解説したつもりである。

建築専門の方々にとっては私の知識不足、理解不足と映る記述もあるかと思うが、むしろ弁護士の方に大間違いな伝わり方をしないよう努力した。多くの弁護士の方々の建築語の理解の手助けとなることを願っている。

なお、私が以前から尻をたたかれていたにもかかわらず、じっと我慢して待ち続けていただいた民事法研究会の田口信義社長、私の尻を叩き続けてくださった欠陥建築九州ネットの山上知裕弁護士に感謝して「はしがき」とする。なお、イラスト画作成は妻の簑原正子の手によるものである。

本書が、欠陥住宅被害救済に関わる多くの弁護士をはじめとした法律実務家に活用され、お役に立つことができれば望外の幸せである。

平成22年11月10日

1級建築士　簑　原　信　樹

●本書の法令略称●

法　建築基準法　　令　建築基準法施行令

目　次

第1章　建物の種類

第2章　家の作り方

第3章 地 盤

第4章 基礎の欠陥

第5章 木造住宅の欠陥

第６章　外壁・屋根の欠陥

第７章　内装の欠陥

第8章　設備の欠陥

第9章　鉄骨造建物の欠陥

第10章　鉄筋コンクリート建物の欠陥

第11章　工作物

第12章　欠陥調査

第1章

建物の種類

Q 1　在来軸組工法《ざいらいじくぐみ》の特色

A　日本の住宅は、全戸数の35％が木造住宅ですが、その多くが「在来軸組工法」で作られています。

在来軸組工法は、垂直方向の木材（柱）と水平方向の木材（梁《はり》）、斜め方向の木材（筋《すじ》交《か》い）を組み合わせて家を作る工法です。筋交いは、柱と梁が形作る長方形の対角線に取り付けられる材木で、地震や台風などの外力によって建物が変形するのを防ぐ役割をします。

在来軸組工法では、筋交いが必要な本数取り付けられているかどうか、筋交いが指定された場所に取り付けられているかどうかが重要です。

近年では、筋交いを設けず、壁の下地材として「構造用合板」を用いることで変形するのを防ぐことも多くなっています。

在来軸組工法は、①大きな開口部を設けることができる、②間取りや建物の形を柔軟に決められる、③通風や採光に優れた建物にすることができる、などの特長があります。

リフォームの際、壁を撤去するなどの大きな間取り変更も可能です。ただし、建物にかかる外力に抵抗するための「耐力壁」を撤去するには、構造耐力の検討が必要です。

一方、大きな木材同士を結合するため、仕《し》口《ぐち》（柱、梁、筋交いなどの木材が接合する部分）や継《つぎ》手《て》（同一方向に木材を接合する部分）を作るために、木材を適切に加工する技術が必要です。仕口や継手の加工は大工の職人的な技能に支えられていましたが、最近は、コンピューター制御の製材機械であらかじめ仕口・継手部分の加工がされた「プレカット部材」とよばれる木材が使われるようになりました。

阪神淡路大震災の際、柱・梁・筋交いの接合部分が外れて建物の倒壊につながった例が多かったので、平成12年に建築基準法が改正され、仕口や継手を補強する金物《かなもの》が具体的に定められました（平成12年建設省告示1460号）。

〔図〕 在来軸組工法

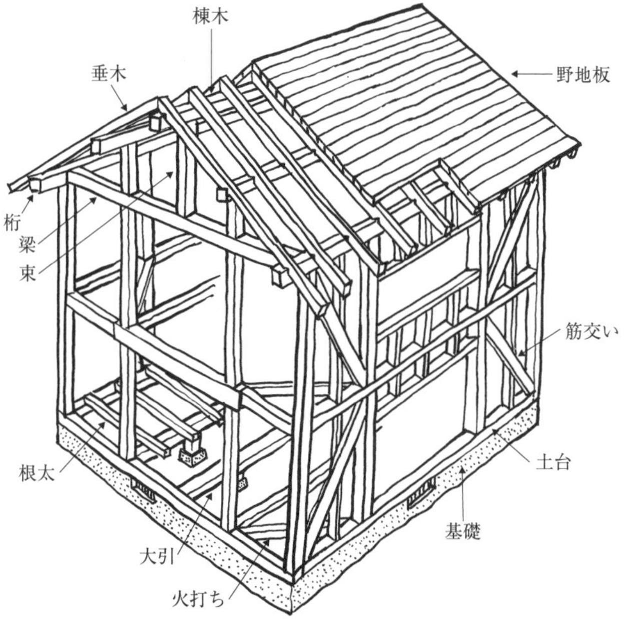

◆弁護士から一言◆

梁《はり》、桁《けた》、筋交《すじか》い、火打《ひう》ち、大引《おおびき》、根太《ねだ》、小屋《こや》、母屋《もや》、棟木《むなぎ》、垂木《たるき》など、木造住宅には耳慣れない専門用語が沢山あります。木造住宅の構造を理解するためには、この専門用語をまず覚えなければなりませんが、百聞は一見にしかず。一度、建築現場に行ってみて、これらの木材の形状や位置、役割を見てみましょう。図面ではわかりにくくても、現物をみれば構造や特徴は一目瞭然です。

Q２　２×４（ツーバイフォー）工法の特色

A　アメリカやカナダでは、木造住宅といえば「２×４」(ツーバイフォー)が一般的です。日本でも1974年頃から建築されるようになりました。

これは、規格化された角材を枠状に組み、構造用合板を貼り付けたもので建物を作る工法です。基準的な角材が２インチ×４インチであるため２×４（ツーバイフォー）工法と呼ばれていますが、これは和製英語です。正式には、枠組壁工法と呼ばれ、工法自体が国土交通省の告示（平成13年1540号）によって決められています。

柱や梁《はり》といった「線」で建物の骨組みを作る在来軸組工法に対し、２×４工法は「面」で建物を支える工法で、地震や風などの外力に抵抗する強度に優れています。

〔図〕２×４工法

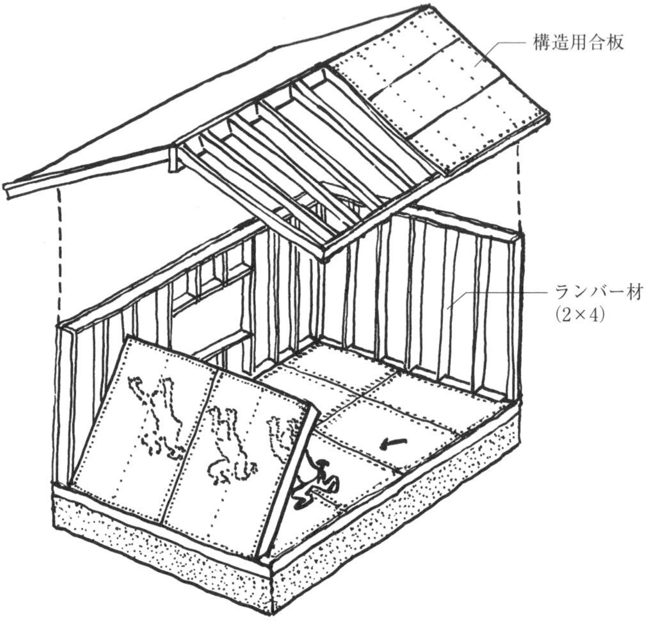

〔図〕 軸組工法

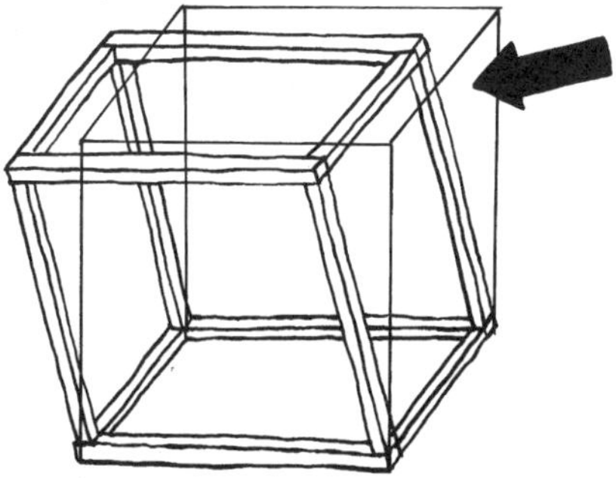

〔図〕 ツーバイフォー工法

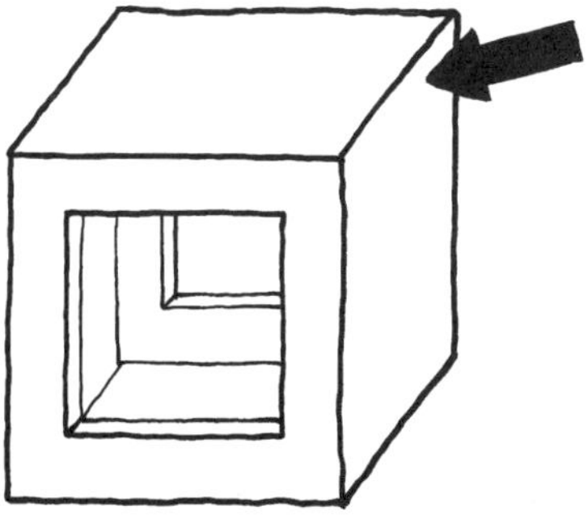

2×4工法では、建物1軒当たりに使用される木材量は多くなりますが、工場で製材された規格材を使用するため、現場での手間やコストは抑えることができます。また、在来軸組工法のように木材の接合部分の複雑な木材加工（仕口《しくち》、継手《つぎて》）がないため、熟練した大工でなくても施工が可能です。

この工法では釘を大量に使用しますが、使用する部位ごとに釘を使い分けることが必要です。誤使用を防止し、事後検査をやりやすくするため、釘（CN釘）は4色に色分けされています。使用すべき釘を間違えばやり直しが必要です。在来軸組工法で通常使用される鉄の丸釘（N釘）の使用は認められていません。

釘と同様に、部材と部材をつなぐ部分に金物《かなもの》を多用します。設置する金物の設置方法は告示で詳細に決められています。金物が決められた場所に決められた形で設置されていなければ瑕疵になります。

2×4工法の家の壁は、原則としてすべて構造上重要なもの（耐力壁）です。そのため、リフォームによる開口部の拡張や追加、壁の撤去などは、構造上の問題を生じないか十分検討のうえ行わなくてはなりません。

2×4工法は、他工法と併用して家を建てることは認められていません（昭和57年2月5日建設省住宅建設指導課課長通達・発19「枠組壁工法の技術的基準の運用について」2項(5))。2×4工法の増改築は、同じ2×4工法で行わなければならないというわけです。

Q３　ハウスメーカーの独自工法

A　大手のハウスメーカーは、独自の工法を確立して家を作っているところが大半です。建築基準法令の構造・防火などの規定に適合するものとして、国土交通大臣が特別に認めた型式の住宅を「型式《かたしき》認定住宅」（法68条の10）といいます。メーカー独自工法の家は、この型式認定住宅として作られたものです。型式認定住宅は、認定を受けた部分について、建築確認申請、中間検査、完了検査を省略することができるという利点があります。

型式認定住宅はプレハブ住宅ともいわれます。プレハブというのは、工事現場に見られるような仮設住宅と誤解されがちですが、英語の「prefabricated」をもとにした和製英語で、「あらかじめ作られた」という意味です。つまり、柱、壁、床などの建築部材を工場で大量に生産し現場で組み立てる工法、または、大半を工場で組み立て現場に持ち込む工法を指します。後者は「ユニット工法」とも呼ばれます。

プレハブ工法は、使用する部材によって「木質系」、「鉄骨系」、「鉄筋コンクリート系」の３種類があります。大手のハウスメーカーを大別すると次の頁の表のようになります。

プレハブ工法では、工場の機械で部材の切断・穴開け等の作業を行うため、施工精度が高く、工期が短いという特長があります。

しかし、工法がそれぞれ独自であるため、同じ「木質系」の工法であっても他の工法と併用することはできません。したがって、プレハブ住宅を増改築する場合は、従前と同じ型式を維持するため、建築したメーカーに施工してもらう必要があります。メーカーが型式を変更した場合、従来の認定工法の部材の入手が困難になることもあります。メーカーが倒産すると、通常の増改築ができません。この場合は増改築部分を別の建物として建て、ふたつの建物をつなぐなど工夫が要るようになります。

〔表〕 プレハブ工法の種類

木質系プレハブ	集成材を骨組とし、合板パネルなどを用いて組み立てる。メーカーとしては、ミサワホーム、エスバイエルなど
鉄骨系プレハブ	軽量鉄骨を主材として組み立てる。フレーム式、パネル式がある。メーカーとしては、ダイワハウス、セキスイハイム（鉄骨のユニット工法)、積水ハウス（鉄骨の軸組み)、パナホーム、トヨタホームなど
鉄筋コンクリート系プレハブ	プレキャストコンクリートパネルや部材を組み立てる。壁式と架構式がある。メーカーとしては、へーベルハウス、大成パルコンなど

その意味で、プレハブ住宅は住宅メーカーへの信頼が基礎になっています。

プレハブ住宅というと、かつては工事現場の事務所のような簡易な仮設住宅のイメージがありましたが、今は各メーカーが高品質の住宅を販売しています。平成20年に着工されたプレハブ住宅は約15万戸で、すべての住宅に占める割合は14％になっています（社団法人プレハブ建築協会 HP より)。今やプレハブ住宅は多くの人に受け入れられるようになりました。熟練した大工が減少してきていますので、一定の品質の住宅を供給するという点では、プレハブ住宅の役割は今後ますます重要になっていくことが予想されます。

Ｑ４　鉄骨造の家の特色

A　鉄骨造建物は、主要構造部に鋼材（鉄骨）を使用する建物です。英語で Steel Structure といい、略して「Ｓ造」と呼びます。

広い居間や吹き抜けなど、家の中に大きな空間を設けたい場合に鉄骨造が適しています。１階を駐車場とする家や、店舗併用住宅、三世帯住宅などは鉄骨造の建物をよく見かけます。

〔図〕　鉄骨造の家

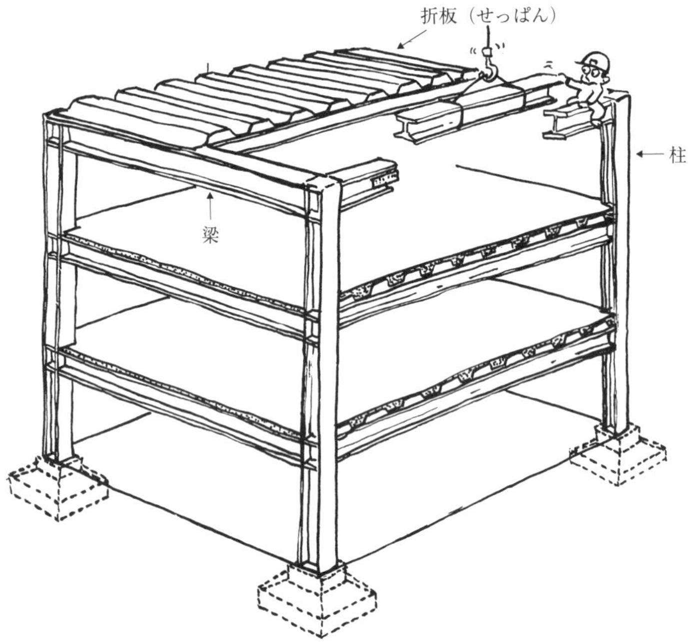

鉄骨建物には、薄い鋼材を加工して骨組みとする「軽量鉄骨構造」と、肉厚の鋼材を骨組みとする「重量鉄骨構造」とがあります。単に「鉄骨構造」という場合には、一般に後者を指します。「重量鉄骨構造」は、柱と柱の間を大きくとることのできる特徴があります。

鉄骨造の場合、鉄筋コンクリート造（RC造）のようにコンクリートを固める期間がいらないため、工期が短くてすむのが特長です。使用する鋼材は、工場で製造されるため品質が安定しています。そのため、接合部を適切に溶接すれば、建物の構造性能は一定に保たれます。逆に接合部の溶接が適切になされているかどうかが、鉄骨造の建物の要です。

鉄骨は、引っ張り力に耐える力は強いのですが、曲げや圧縮に耐える力が弱いため、断面の形状が工夫されています。最も多いのが「H型鋼」で、引っ張り・曲げ・圧縮の各力にバランスよく耐えられるといわれています。箱型をした「角型鋼管」は特に曲がりにくく、一般に、梁《はり》にはH鋼、柱には角型鋼がよく使われています。

〔図〕 様々な形の鉄骨

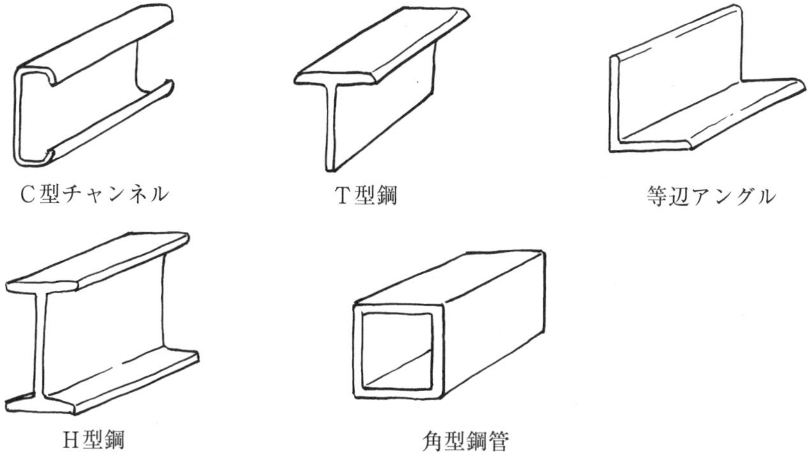

鉄骨は頑丈だと思われていますが、実は火に弱いので耐火被覆を施す必要があります。耐火被覆をしていないと、火災の時に高温で溶けて耐力不足になり、建物自体の倒壊につながる危険があります。また、水分の影響で錆びやすいため、建物の外部や水周りに用いる場合には、耐久性を保つために防《ぼう》錆《せい》処理が必要です。

Q5　鉄筋コンクリート造の家の特色

A　鉄筋コンクリート造の家は、コンクリート内部に鉄筋の芯が入っている建材で建てられた家です。

鉄筋コンクリートは、圧縮力に強いコンクリートと、引っ張り力に強い鉄筋が双方の長所を活かすことで、大きな強度を発揮します。鉄筋コンクリートは、英語でReinforced Concreteと言い、略してRCと呼びます。

〔図〕鉄筋コンクリート造

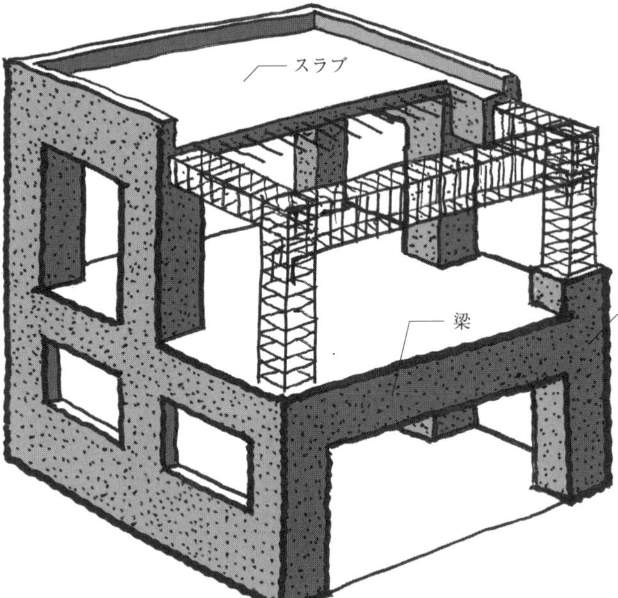

鉄筋コンクリートは、コンクリートを流し込む型枠に合わせて自由に形作ることができるため、意匠性の高い建物の建材として便利です。鉄筋コンクリート造の建物は、耐震性・耐火性・耐久性・防音性に優れており、戸建て住宅としては、3階以上の住宅、屋上や地下付きの住宅、店舗併用住宅など

によく用いられます。

一方で、鉄筋コンクリートは重量が重く、体育館・展示場など大空間を設ける建物の場合には、柱や梁が大きくなるという構造上の問題からコストが割高になります。こうした建物では、鉄骨造や鉄骨鉄筋コンクリート造などの他工法が採用されるのが一般です。もっとも、耐久性を重視して、高強度のコンクリートを用いた鉄筋コンクリートで高層マンションなどを建築する例もあります。

鉄筋コンクリート造の建物の安全性は、「構造計算」という専門的な計算によって検証します。この構造計算が適切になされていることが肝要です。平成17年に発覚した姉歯事件では、この構造計算書が偽造されて大きな問題になりました。鉄筋コンクリート造の建物では、適切になされた構造計算に従って柱や梁の大きさが確保されていること、決められたとおり鉄筋が入っていることが安全性の要です。

●コラム●　姉歯事件

千葉県の姉歯秀次元１級建築士（建築基準法違反などの罪で平成19年に実刑判決が確定）が建物の強度を示す構造計算書の改ざんを続け、耐震基準を満たさないマンションやホテルが各地に建っていたことが、平成17年11月、国土交通省の発表で発覚しました。構造計算書の偽装が発覚したマンションの一部には耐震性能（保有水平耐力）が基準の50％未満しかなく、震度５強程度の揺れで倒壊する恐れがあるとして行政から使用禁止・退去命令が出され、住宅の安全を根底から揺るがす大問題として社会不安を醸成しました。耐震偽装事件ともいいます。この事件では、自治体や民間検査機関による建築確認審査の甘さが指摘されました。姉歯元建築士の偽造手法が明らかになると、改ざんが可能な「構造計算プログラム」を認定した国土交通省と（財）日本建築センターにも責任の追及が及びました。姉歯元建築士だけではなく、札幌の浅沼元２級建築士や富山の水落元１級建築士なども摘発され、構造計算の偽装問題は全国的な広がりを示しました。この事件を契機に、国土交通省は建築基準法や建築仕法などを改正し、建築確認の厳格化と建築士の罰則強化に踏み切りました。

Q６　伝統的木造住宅の特色

A　木造家屋の工法には、柱と柱の間に木材を貫通させ、土壁《つちかべ》で仕上げる「伝統軸組工法」というものもあります。柱と柱の間に設置する木材を貫《ぬき》といいます。戦前に建てられた木造住宅のほとんどはこの伝統軸組工法で作られており、地域ごとに建築技術が引き継がれてきました。現在でも、寺や神社の建築などにはこの工法が採用されています。

〔図〕 貫工法

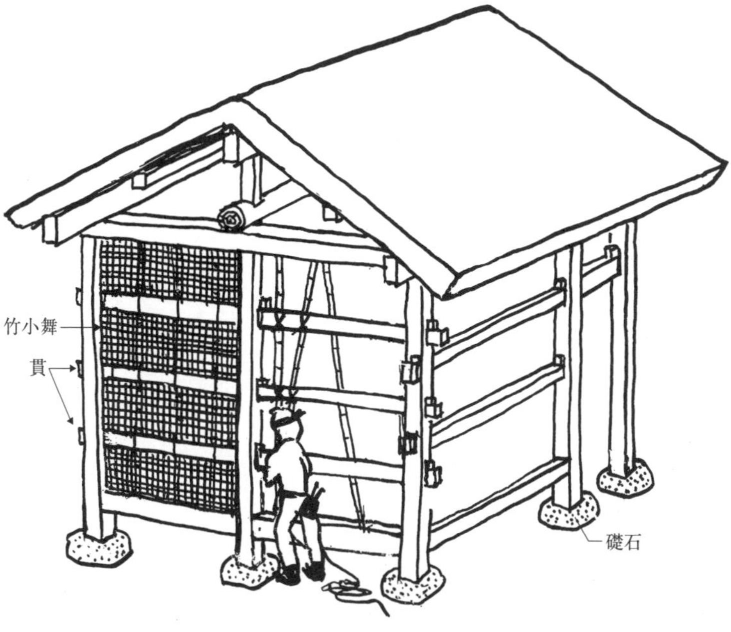

在来軸組工法では、柱や梁に設置される筋交《すじか》いや補強金物《かなもの》によって地震などの外力に耐えます。これに対し、伝統軸組工法では、貫が外力を分散することで、外力に耐えます。土壁は、大きな地震の際などに崩れることで地震力が柱や梁に及ぼす影響を小さくするなど、外力を吸収する働きをします。

つまり、伝統軸組工法は、貫と土壁の組み合わせによって外力を分散・吸収する工法です。

しかし、貫と土壁で作られた壁は、筋交いで補強された在来軸組工法の壁と比べると変形しやすいので、古い伝統軸組工法の家は、現行の建築基準法が要求する構造耐力には足りないことがあります。

古い伝統軸組工法の家は、礎石の上に直接柱を立てる「石場立《いしばだ》て」構法で作られていることがありますが、現在の建築基準法ではこのような基礎は認められていません。現在の伝統軸組工法の家は、布基礎（詳しくは第４章Ｑ１参照）と礎石立てを組み合わせたり、べた基礎の上に束石立《つかいしだ》てをすることでこの工法の特色を残す工夫をしています。

Q７　ログハウスの特色

A　ログハウスとは、丸太を水平方向に組み上げて壁にする「丸太組工法」で作られた建物です。北欧で生まれ、北米で発達した工法で、日本では1970年代後半に取り入れられました。素朴な雰囲気が人気で、別荘やセカンドハウスとしてよく建てられていますが、最近ではログハウスの住宅や店舗も増えてきました。

〔図〕 ログハウス

木が素材のログハウスは、①湿度の調整や断熱性に優れ、夏は涼しく冬は温かい、②コンクリート等と比べて感触が良く、木の温もりが感じられるなどの特長があります。ただし、材木の乾燥収縮によって壁に隙間ができやすいという難点があります。

ログハウスには、皮をむいた丸太をそのまま使用する「ハンドカット工法」と、角型のログ材を使用する「マシンカット工法」の２種類があります。日本では主に輸入材が使われてきましたが、近年の原油価格高騰による輸送コストの高騰から、国産材も多く使われるようになりました。

従前の建築基準法は、丸太組工法の建物について規模等を制約していましたので、ログハウスは１階建てでしたが、平成14年の建築基準法改正によって、総２階建ても可能となりました。鉄筋コンクリート造などとの混構造による３階建ても可能になり、一般的な住宅の仲間入りを果たしたと言えます。

しかし、都市計画で定められている防火地域や準防火地域、また木造建築物が多い市街地で特定行政庁が指定している地域には、ログハウスを建築することはできません。ログハウスが準防火構造の認定を得ている場合は、準防火地域などで建築は可能です（法23条）。

第２章

家の作り方

Q1　家の作り方

1　現地調査

土地の形状、道路や敷地の境界線などを確認するとともに、役所へ行き土地の権利状態や法規制の有無、その内容などを調査します。境界の石がなかったり、境界杭の位置が測量図と違ったりする場合もありますので慎重に確認します。

〔図〕 現地調査

2　地縄張《じなわば》り・水盛《みずも》り

現地調査が終わると、整地を行い、その後、「地縄張り」を行います。地縄張りは、敷地内の建物の位置を確認するものです。建物の外周と内部の部屋の主な場所に木杭を打ち、縄やビニールひもを張って間取りをわかるようにするものです。「縄張り」ともいいます。

「水盛り」とは、建物の基準となる高さ（ベンチマーク）を決めて、それを基準にして木杭に建築の目安となる高さに目印をつけていく作業です。

〔図〕 地縄張り・水盛りのやり方

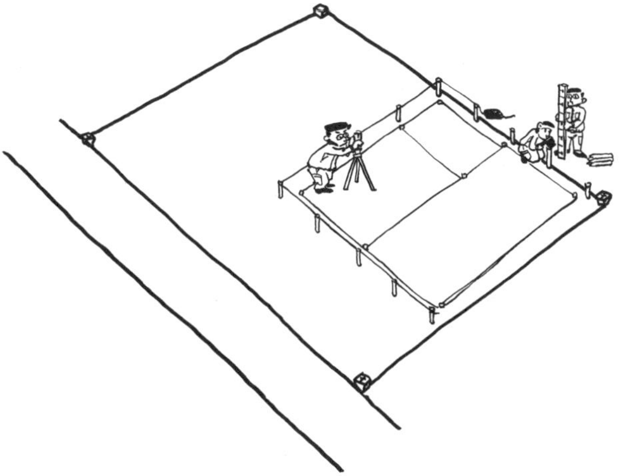

3　地鎮祭《じちんさい》

工事を始める前に地鎮祭を行います。地鎮祭は必ず行うというわけではありませんが、土地と建物の平安を祈る儀式です。

〔図〕 地鎮祭

4　捨てコンクリートを打つ

最初に、掘った溝の底に割栗石《わりぐりいし》と呼ばれる石を敷き、その上に砂利を重ねてからしっかりと突き固めます。そこに厚さ 5～6 cm のコンクリート（捨てコンクートと呼びます）を流し込み、木ゴテで平らにならします。

木ゴテでならした面を基準にして建物を建てます。構造上の耐力はありませんが、基礎を安定させる重要な部分です。

〔図〕 捨てコンクリートを打つ

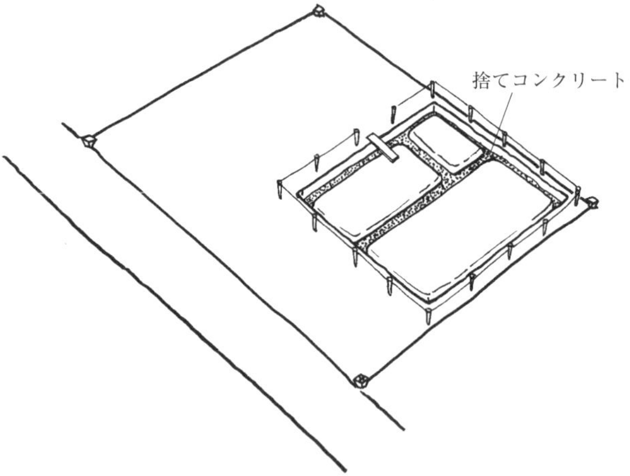

5　基礎コンクリートを打つ

捨てコンクリートの上に鉄筋を配置し、型枠を組み、その中にコンクリートを流し込みます。

このとき土台を固定するアンカーボルトを埋め込みます。コンクリートが固まったら型枠を外し、さらにモルタルを塗り重ねて基礎の一番上の面（天《てん》端《ば》）を水平にします。

〔図〕 基礎コンクリートを打つ

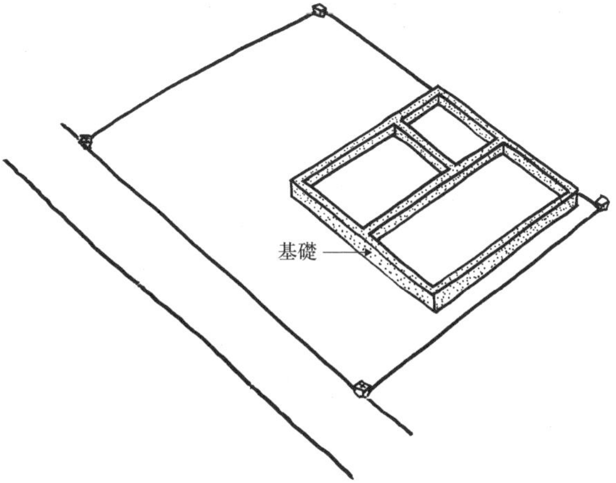

6　土台を敷く

基礎に埋め込まれたアンカーボルトの位置に合わせて土台材に穴をあけ、基礎の上に土台材をのせます。土台と基礎はアンカーボルトで緊結します。土台同士が直角に組まれていることを確認し、さらに土台の角に火打《ひう》ち材を入れて隅部《すみぶ》の補強を行います。

〔図〕 土台を敷く

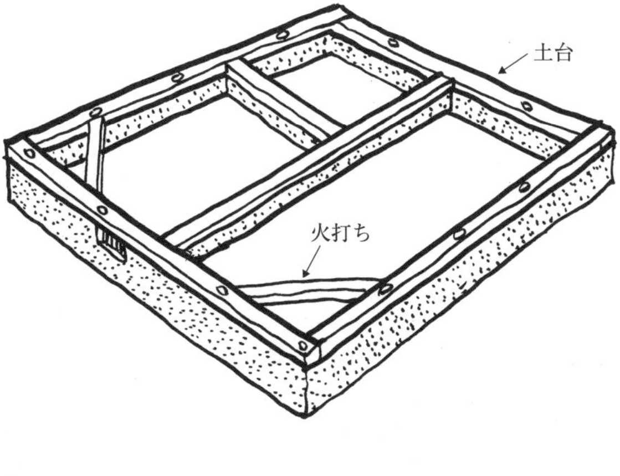

7　柱を立てる

土台の上に、柱を立てていきます。まずは1階から2階まで達する通し柱を立てます。

〔図〕 柱を立てる

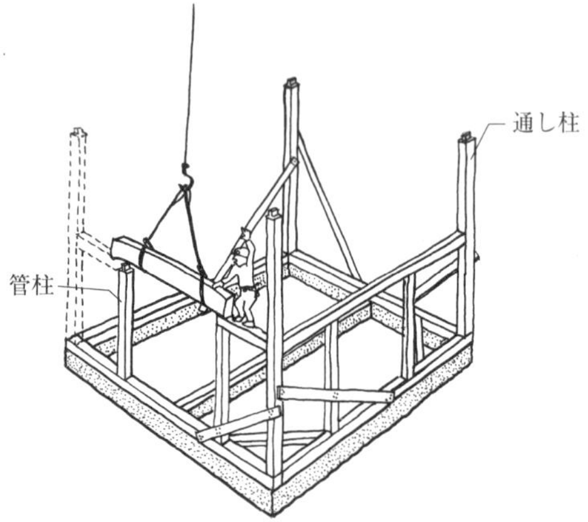

8　梁を架ける

通し柱が立ったら、建物を支える管柱《くだばしら》を建てます。建物の外周の土台に管柱を立て、柱の上のほぞ（突起部分）に軒桁《のきげた》を差し込みます。さらに梁を架けて固定します。

〔図〕 梁を架ける

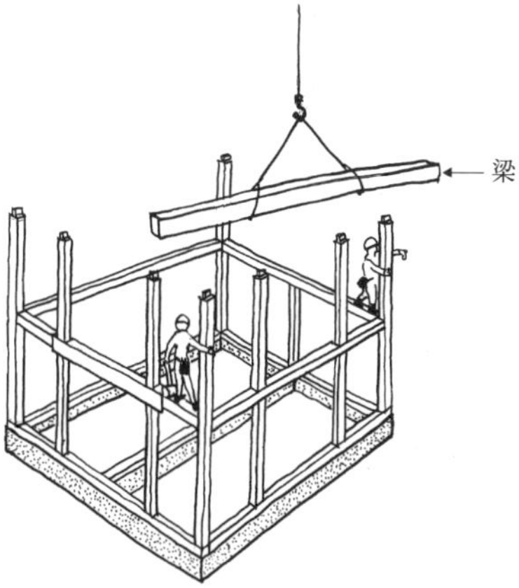

9　棟上《むねあ》げとひずみ直し

建物の隅部《すみぶ》を火打《ひう》ち梁で固定し、２階床を支える根太《ねだ》を打ちます。２階外周の管柱を立てて軒桁を付け、その上に屋根部分（小屋組《こやぐ》み）を組み立てます。小屋組みの最上部に棟木《むなぎ》を取り付けますが、これを「棟上げ」といいます。上棟式《じょうとうしき》はこの時に行われます。

その後、建物のひずみやゆがみを修正し、継手《つぎて》や仕口《しぐち》、各種のボルトなどをしっかりと締め直します。この修正作業をひずみ直しといいます。

〔図〕 棟上げとひずみ直し

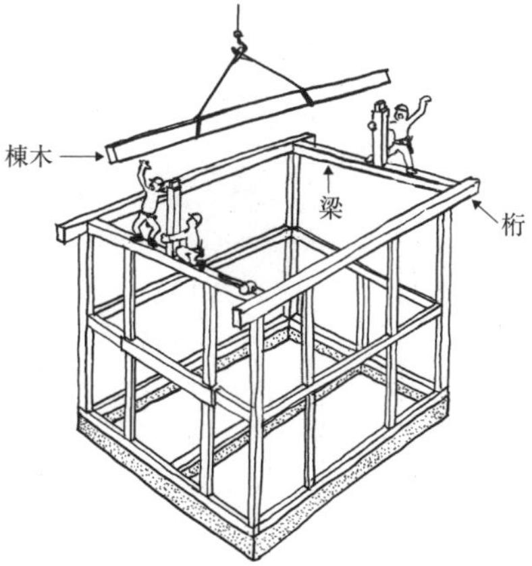

10　屋根の骨組を組む

屋根の勾配に合わせて、屋根の中心部から軒先に向けて屋根の骨格となる垂木《たるき》をかけます。垂木の上に野地板《のじいた》をのせます。

〔図〕 屋根の骨組を組む

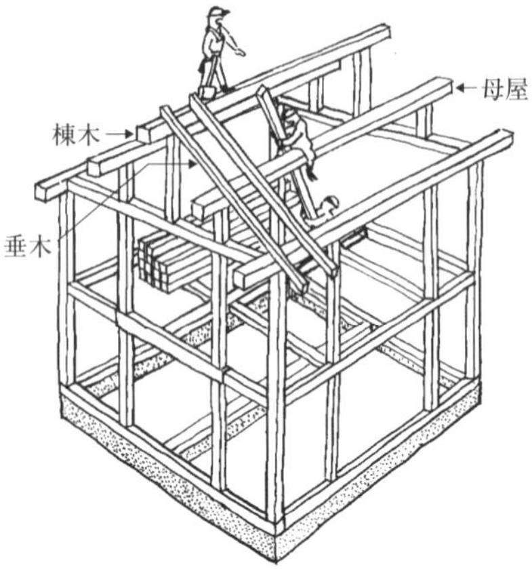

11　屋根を完成させる

雨漏りを防ぐために野地板《のじいた》の上をアスファルトルーフィングなどの防水材で覆ってから、瓦などの屋根材をのせて仕上げます。

〔図〕 屋根を完成させる

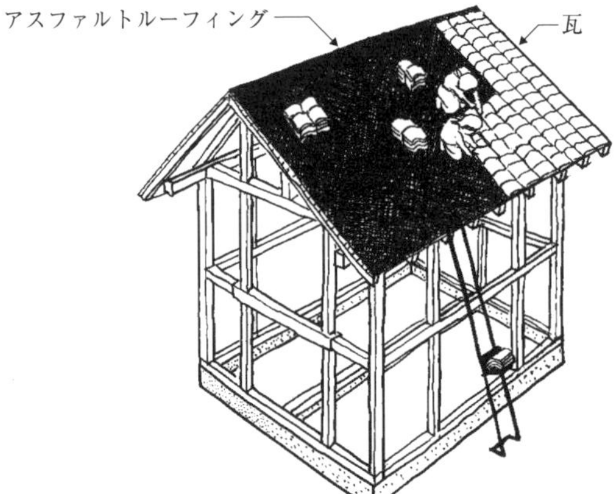

12　内部・外部造作工事

屋根工事が終わると、軒裏の天井（軒天《のきてん》）の取付などの外部造作工事に入ります。並行して、内部で、間仕切り壁の造作、床下配管、フローリング貼りなどの作業が始まります。

〔図〕 内部造作工事が始まる

13　サッシの取付け・外壁下地工事

玄関ドアや窓のサッシを取り付けます。外壁工事が始まり、室内側から断熱材が張られ、外側からは、外壁仕上げ材の下地板《したじいた》を打ちつけます。

〔図〕 サッシの取付け

14　外壁張付け

下地板を張ったあと、外壁工事の最後に、モルタル塗やサイディング貼り、吹付けなどを行います。

〔図〕 外壁を張る

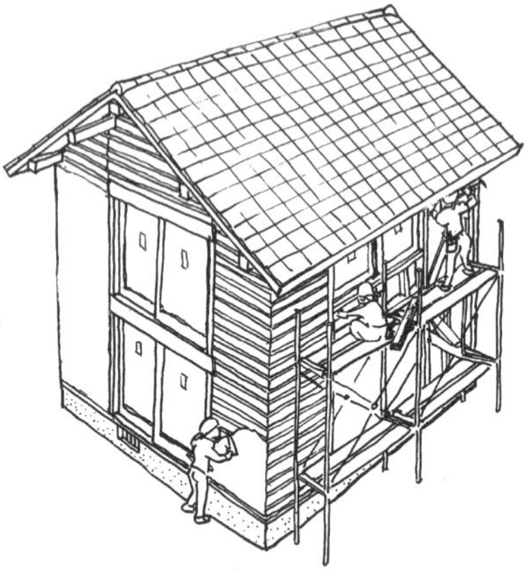

15　内部仕上げ

クロス貼りや畳・カーペット、クッションフロアシート敷きなどの内部仕上げ工事をします。その後に、設備機器の設置をします。

〔図〕 内部仕上げ

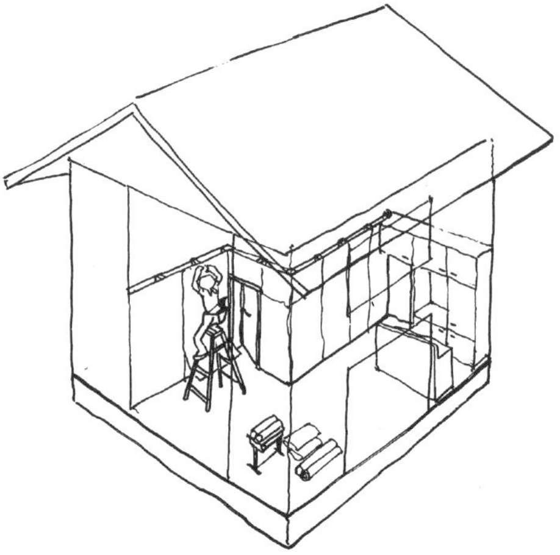

16　完成引渡し

内装が仕上り、設備機器の設置が終わり、清掃が済めば家は完成です。

〔図〕 完成引渡し

第3章

地盤

Q1　地盤調査

A　地盤が軟弱な場合、建物の重さに耐えられずに地盤が沈下します。そのために建物が傾いたり、建物が傾くことによって地震の際に大きな被害を受けることがあります。

傾いた家で暮らしていると頭痛や肩こりなど、住む人の健康にも悪影響を及ぼすことがあります。

雨漏りや建具の不具合、床鳴りなどの現象も実は原因を探ってみると地盤沈下が原因であることがよくあります。

地盤がしっかりしているかどうかは、周囲の地形や造成経過、土地の利用状況からも情報を得ることができますが、正確なことを知るには地盤調査が必要です。

平成12年に地盤の支持力と基礎の選択に関する国土交通省告示1347号が出されて以来、家を建てる前に地盤調査をすることが当たり前になっています。地盤調査には費用がかかりますが、もしものことを考えると、ぜひ行うべきです。「この辺りの地盤は固い」とか、「建替え前の家が何十年も建っていたから大丈夫」などという素人の話で地盤の固さを判断するのは危険です。「造成工事後6カ月以上経っているので自然に締め固まっている」などという話もきわめて不正確な情報です。盛り土の締め固め作業（転圧《てんあつ》作業）が適切に行われていなければ、造成後に時間が経っていても地盤が充分に締め固まることはありません。

Q２　スウェーデン式サウンディング試験（SS 試験）

A　地盤調査の方法には、「スウェーデン式サウンディング試験」「標準貫入試験」などの方法があります。

スウェーデン式サウンディング試験は、北欧のスウェーデンで生まれた調査方法です。名前が長いので「SS 試験」と略称します。1950年代に建設省が堤防の地盤調査として導入して以来、普及しました。作業が簡単なので多くの住宅で採用されています。

試験方法は、スクリューポイントが先端についたロッドに重りをのせてハンドルで回して地盤に貫入させるものです。架けた重りの荷重と回転数によって地盤の固さ（換算N値）を測定します。

通常は建物が建つ位置の四隅と中央部の５カ所を測定します。

〔図〕 SS 試験の機械・手動式

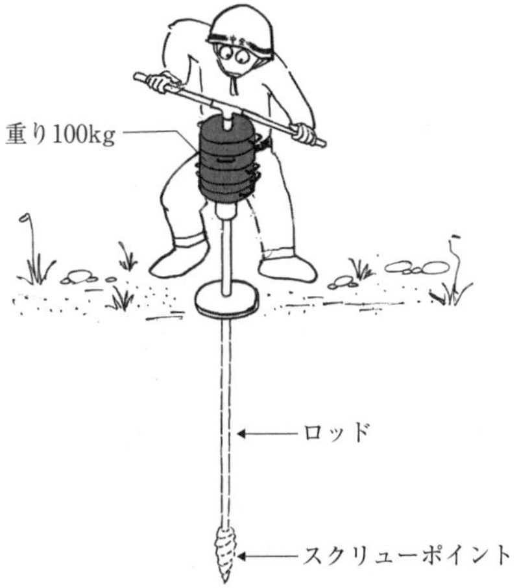

SS試験の長所は、①試験方法が比較的容易で安価であること、②試験結果をN値（地盤の固さを判定する目安）に換算できること、③連続でデータを取ることができることなどが挙げられます。

短所は、①10mより深い深度は調査できないこと、②地中の試料を採取できないので地質がわからないこと、③礫《れき》・石・コンクリート片などがあるとそこで止まって貫入が困難になり、測定位置を変更する必要が出てくることなどです。

SS試験は、軟弱地層の存在など警戒すべき要素の発見のために行うもので、地盤の固さを積極的に把握するものではないと言われています。地盤の固さを正確に知りたい場合は、標準貫入試験を実施します。

従来は人力操作型の機械が主流でしたが、最近は自動測定型のSS試験の機械が使用されています。

（SS試験用機械・半自動式）

Q 3　SS 試験の結果の見方

A　SS 試験の測定結果は「換算N値」というもので示されています。これは地盤の固さを表す指標となる数字です。簡単にいうと、数値が高くなるほど地盤は固く、一般的にはN値 3 未満だと軟弱な地盤と解釈します。

読み取りには注意が必要です。

換算N値は、荷重と半回転数から数式（換算式）で計算したものなので、N値そのものではないということです（N値の意味については次項の説明を読んでください）。

換算式によっては、機械が自沈するほど軟弱な地層でもN値が 3 になることがあります。換算N値に注目するのではなく、半回転数が 0 ではないか、つまり計測機械が自沈しているのではないかという点をよく見る必要があります。

次頁の「試験記録」を見てください。貫入深さ 2.5m の地点から 3.25m の地点までの地層は換算N値は1.5ですが、ロッドの回転類を見るといずれの点も 0 で、貫入状況の欄には「自沈」と記載されています。つまり、500kg の重りをつけたロッドとスクリューポイントが自らの重さで自然に沈み込んでおり、軟弱な地層があることを示しています。

基礎の直下の地盤の換算N値が 3 以上であれば必要最小限の固さはあると判断できますが、基礎直下ではなくて地中の深い部分に軟弱な地層がある場合も地上への影響が心配です。軟弱な地層が厚いのか薄いのかによっても評価は違います。こういった結果を踏まえて地盤の特性に応じた基礎を選択することが大切です。

〔表〕 SS試験の調査データ表

スウェーデン式サウンディング試験記録

現場名	[redacted]			調査年月日	平成[redacted]年[redacted]月[redacted]日
住 所	[redacted]			調査時間	11 : 00
調査目的	地盤調査			調査責任者	[redacted]
標 高	0.000	天 候	晴	調査者	[redacted]
測点No	3	標高	0.000	地下水位	有り
				最終貫入深さ	18.20

荷重 Wsw (kg)	半回転数 Na (回)	貫入深さ D (m)	貫入量 L (cm)	1m当りの半回転数 Nsw	貫入状況	土質	換算N値 (0 5 10 15)	換算N値 Nc	換算支持力 qa(kN/m²)	換算支持力 qa(t/m²)
1.000	3	0.25	25	12		粘性土		3.6	35.3	3.6
1.000	19	0.50	25	76		粘性土		6.8	66.6	6.8
1.000	6	0.75	25	24		粘性土		4.2	41.1	4.2
1.000	54	1.00	25	216		粘性土		13.8	135.3	13.8
1.000	28	1.25	25	112		粘性土		8.6	84.3	8.6
1.000	8	1.50	25	32		粘性土		4.6	45.1	4.6
1.000	8	1.75	25	32		粘性土		4.6	45.1	4.6
1.000	6	2.00	25	24		粘性土		4.2	41.1	4.2
1.000	5	2.25	25	20		粘性土		4.0	39.2	4.0
0.500	0	2.50	25	0	自沈	粘性土		1.5	14.7	1.5
0.500	0	2.75	25	0	自沈	粘性土		1.5	14.7	1.5
0.500	0	3.00	25	0	自沈	粘性土		1.5	14.7	1.5
0.500	0	3.25	25	0	自沈	粘性土		1.5	14.7	1.5
1.000	3	3.50	25	12	水位	粘性土		3.6	35.3	3.6
1.000	10	3.75	25	40	水位	粘性土		5.0	49.0	5.0
1.000	10	4.00	25	40	水位	粘性土		5.0	49.0	5.0
1.000	12	4.25	25	48	水位	粘性土		5.4	52.9	5.4
1.000	23	4.50	25	92		粘性土		7.6	74.5	7.6
1.000	55	4.75	25	220		粘性土		14.0	137.2	14.0
1.000	56	5.00	25	224		粘性土		14.2	139.2	14.2
1.000	51	5.25	25	204		粘性土		13.2	129.4	13.2
1.000	44	5.50	25	176		粘性土		11.8	115.7	11.8
1.000	38	5.75	25	152		粘性土		10.6	103.9	10.6
1.000	30	6.00	25	120		粘性土		9.0	88.2	9.0
1.000	13	6.25	25	52		粘性土		5.6	54.9	5.6
1.000	11	6.50	25	44		粘性土		5.2	50.9	5.2
1.000	11	6.75	25	44		粘性土		5.2	50.9	5.2
1.000	10	7.00	25	40		粘性土		5.0	49.0	5.0
1.000	12	7.25	25	48		粘性土		5.4	52.9	5.4
1.000	12	7.50	25	48		粘性土		5.4	52.9	5.4
1.000	11	7.75	25	44		粘性土		5.2	50.9	5.2
1.000	10	8.00	25	40		粘性土		5.0	49.0	5.0
1.000	12	8.25	25	48		粘性土		5.4	52.9	5.4
1.000	14	8.50	25	56		粘性土		5.8	56.8	5.8
1.000	12	8.75	25	48		粘性土		5.4	52.9	5.4
1.000	8	9.00	25	32		粘性土		4.6	45.1	4.6
1.000	16	9.25	25	64		粘性土		6.2	60.8	6.2
1.000	14	9.50	25	56		粘性土		5.8	56.8	5.8
1.000	13	9.75	25	52		粘性土		5.6	54.9	5.6
1.000	11	10.00	25	44		粘性土		5.2	50.9	5.2
1.000	13	10.25	25	52		粘性土		5.6	54.9	5.6
1.000	15	10.50	25	60		粘性土		6.0	58.8	6.0
1.000	14	10.75	25	56		粘性土		5.8	56.8	5.8

Q 4　標準貫入試験

A　標準貫入試験は、正式には「ボーリング標準貫入試験」といいますが、一般には「ボーリング試験」ともいいます。

貫通力の小さいSS試験では十分な調査ができない場合や、地質を調査したい場合、地盤の固さを正確に知りたい場合に行う試験です。戸建て住宅でも3階建てや鉄骨造などの建物を計画し、確認申請に「構造計算書」を添付する必要がある場合の調査方法として採用されています。

試験方法は、約3mのやぐらを立てて63.5kgの重りを高さ75cmから自由落下させて、先端のサンプラーを30cm貫入させたときの打撃回数を測定して地盤の固さを調べるものです。この打撃回数をN値といいます。

〔図〕 標準貫入試験略図

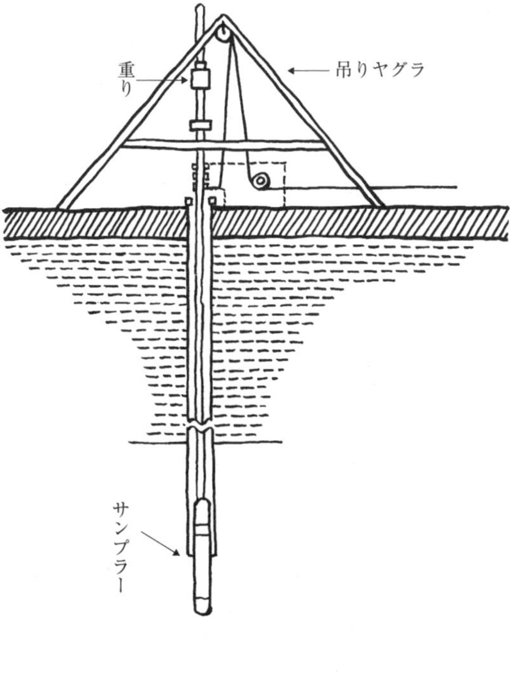

標準貫入試験の長所は、①地中の土（試料）を採取できて土質試験に使えること、②N値から地盤の固さを推定できること、③SS試験とは異なり深い層や硬い層でも調べられること、④地下の水位も確認できることなどです。短所は、①SS試験に比べて広いスペースを必要とすること、②試験時間が長く調査費用が高くなること、③表層の調査には向かないことなどです。

〔表〕ボーリング柱状図・N値表

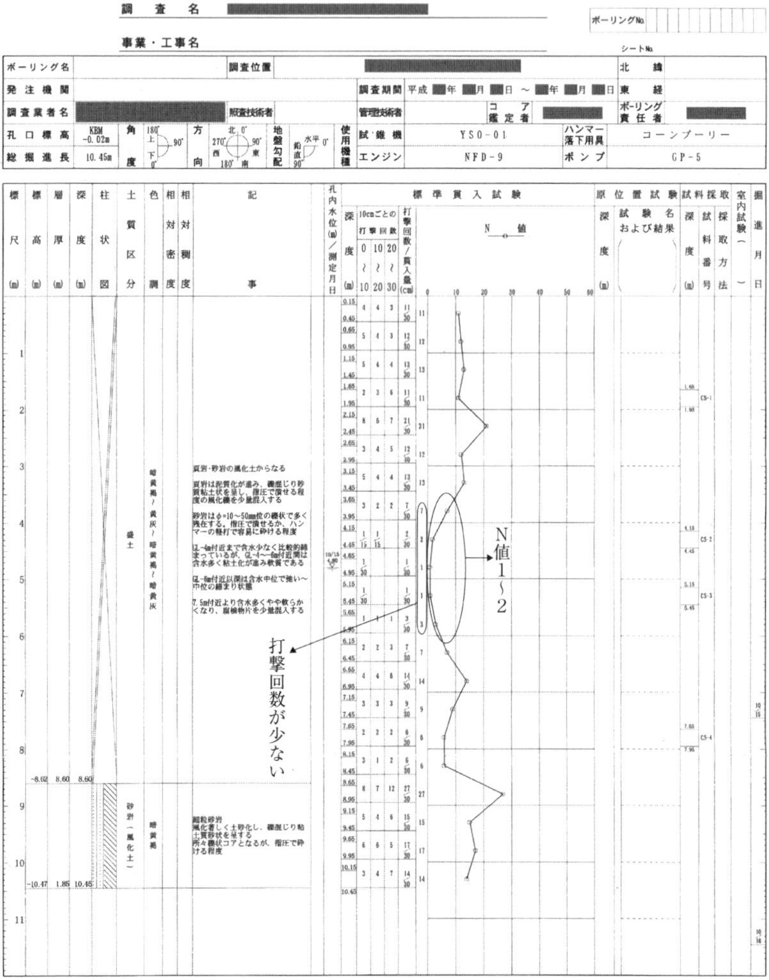

Q 5　調査結果の意味

A　建設予定地にどの程度の重量の建物を建てることが可能か判断するためには、地盤調査だけでなく地質調査も行う必要があります。

地質調査は、土の硬軟の程度、しまり具合、土層構成など、その地盤の土の性状がどうなっているのかを調べるものです。

ボーリング調査によって土を採取（サンプリング）して土質を調べます。土の硬さ次第で地盤の沈下の度合が異なりますし、土の性質によっても地盤の沈下の起きやすさが違います。

土の性質は、土の粒子の大きさによって「礫質土《れきしつど》」「砂質土《さしつど》」「粘性土《ねんせいど》」に分かれます。「礫質土」「砂質土」の土は空気を含んでいるので、締め固めが不十分だと沈下を起こします。「粘性土」は水分を含んでいるので、建物の荷重により水が抜け出して圧密沈下を起こします（詳しくは、第4章Q 5地盤沈下の原因の項を参照してください）。

土の性質がわかると、土盤で起きた現象の分析ができるようになります。

（サンプリング調査）

(1)　（吊りヤグラ）

(2)

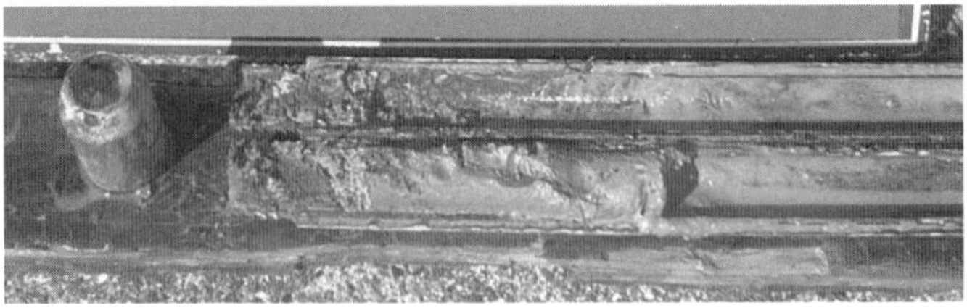

（サンプラー内のコア）

(3)

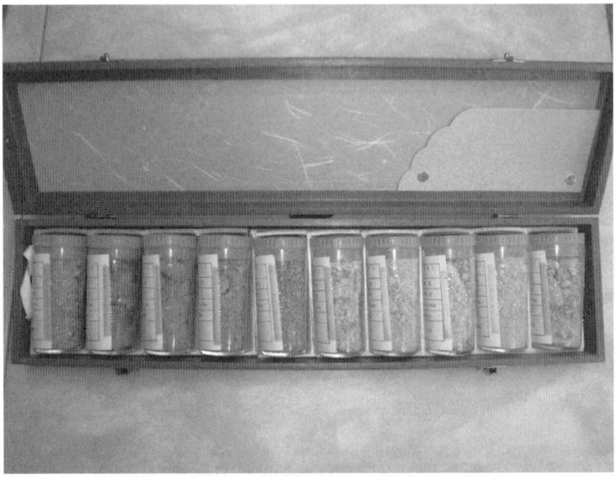

（コア標本—セット）

(4)

（コア標本—単体）

◆第4章◆

基礎の欠陥

Q1　基礎の種類

A　基礎は、建物全体の荷重を地盤に伝える役目をします。

建築基準法施行令38条1項には、「建築物の基礎は、建築物に作用する荷重及び外力を安全に地盤に伝え、かつ、地盤の沈下又は変形に対して構造耐力上安全なものとしなければならない」と定められています。

つまり、基礎は建物自体の荷重（重さ）に耐え、地震の力にも耐える頑丈なものでなければないし、地盤が軟弱であっても不同沈下を起さない安全な構造でなければならないのです。

木造住宅によく使われる基礎は、「布《ぬの》基礎」、「べた基礎」、「杭基礎」の3種類です。

布基礎とは、底盤と立上り部分とが一体となった基礎のことです。その断面は逆T字型をしています。以前は木造住宅の基礎として最も多く用いられていました。

〔図〕 布基礎

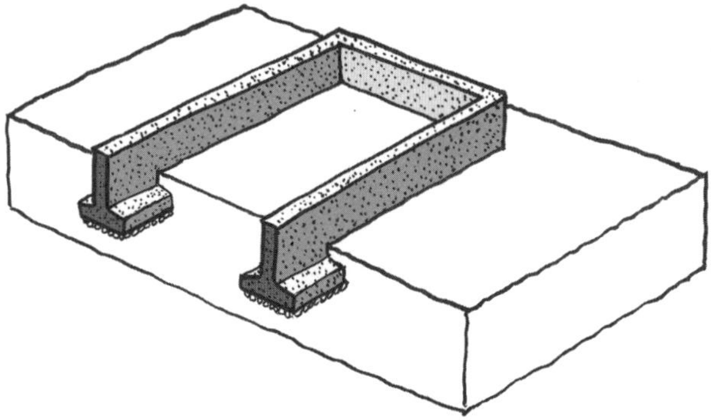

べた基礎とは、底部が一枚の板状になっており、底面全部で建物荷重を支える基礎です。コンクリート量が多いため、布基礎よりコストはかかりますが、軟弱地盤に比較的強く、阪神淡路大震災以後多く採用されています。

〔図〕 べた基礎

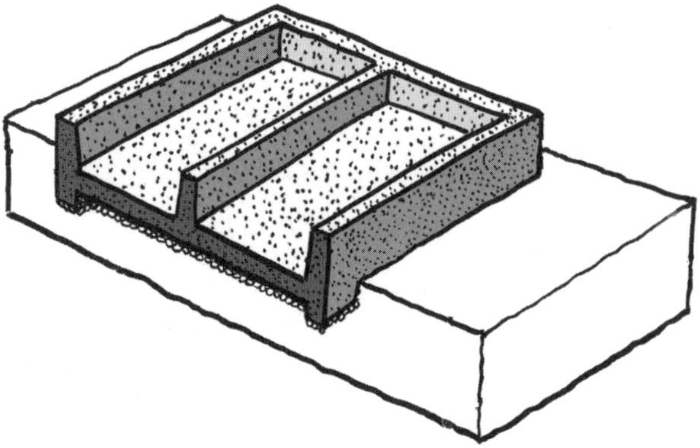

杭基礎とは、建物の沈下を防ぐために地盤に杭を打ち込む形式の基礎で、特に軟弱な地盤の場合に採用されます。

〔図〕 杭基礎

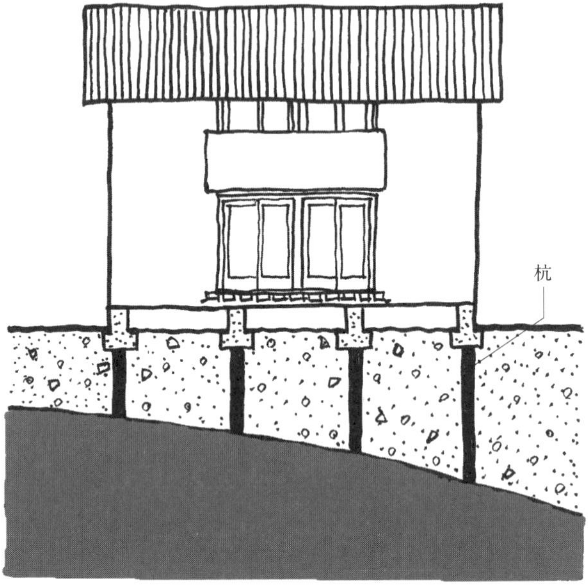

戸建て住宅では基礎の杭に小口径鋼管杭を使うことがよくあります。肉厚 6 mm 未満の小口径鋼管杭を使った場合は、地盤改良工事と同様に「地業工事」として取り扱います（国土交通省住宅局建築指導課・日本建築主事会着・日本建築センター編集「建築物の構造関係技術基準解説書」3.1 基礎）が、これに建物の荷重などを支える性能を求めるときには施行令38条 4 項の規定に従って大臣が定めた基準に従った構造計算によって安全性を確認する必要があります。したがって、肉厚 6 mm 未満の小口径鋼管杭を使った杭に求められる性能も通常の杭基礎の杭に求められる性能と同じです。

Q２　地盤と基礎の選択

基礎の選択は、地盤が建物などの荷重（重さ）に耐える強さによって行います。

地盤が建物などの荷重（重さ）に耐える強さを地耐力といいます。

一般に、接地面積が小さくて単位面積当たりの荷重（重さ）が大きな「布《ぬの》基礎」より、接地面積が大きくて単位面積当たりの荷重（重さ）が小さい「べた基礎」の方が沈下しにくいと言われています。しかし、特に軟弱な地盤の場合は、べた基礎でも不同沈下して被害が発生しますので、固い地盤まで杭を打ち込む「杭基礎」を採用する必要があります。

平成12年の建設省告示1347号によって地耐力に応じた基礎の選択が義務づけられました。選択の基準は下の表のとおりです。

〔表〕 地耐力と選択可能な基礎の関係

地耐力	選択可能な基礎
20kN（約２t）／m^2 未満	杭基礎のみ
20kN（約２t）／m^2 以上 30kN（約３t）／m^2 未満	杭基礎、べた基礎
30kN（約３t）／m^2 以上	杭基礎、べた基礎、布基礎

基礎が接する地盤の地耐力だけを見ていても不十分です。

平成13年の国土交通省告示1113号によると、基礎の底部から下方２m以内の距離にある地盤に自沈層（検査機械が自らの重さで沈んでいく層）がある場合、もしくは基礎の底部から２mないし５mの範囲内に検査機械が容易に自沈する層がある場合には、建物の重さで沈下や地盤の変形を生じるのではないか検討するように求められています。

Q3　基礎の作り方

A　現在、木造住宅の基礎は、平成12年国土交通省告示1347号によって鉄筋コンクリート造とすることが求められています。

鉄筋コンクリートは、コンクリートの中に鉄筋の芯（しん）を入れて補強したもので、頑丈にできているため、建物の重量を受け止めることができます。

〔図〕　布《ぬの》基《き》礎《そ》断面図

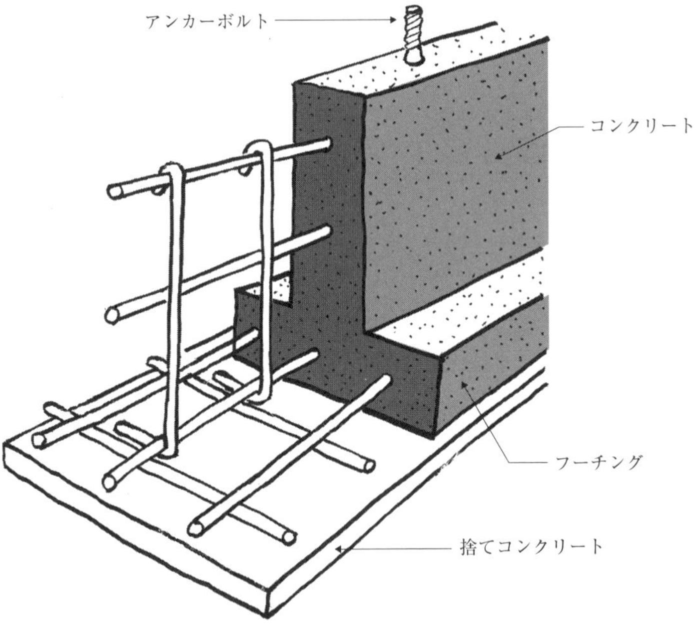

鉄筋コンクリート造の基礎は、①地面を掘って砕石を敷く、②砕石の上に捨てコンクリートを打ってならす、③その上に鉄筋を組む、④型枠《かたわく》を組んで生コンクリートを流し込む、⑤コンクリートを十分時間をかけて固める、という順序で作られます。

（べた基礎）

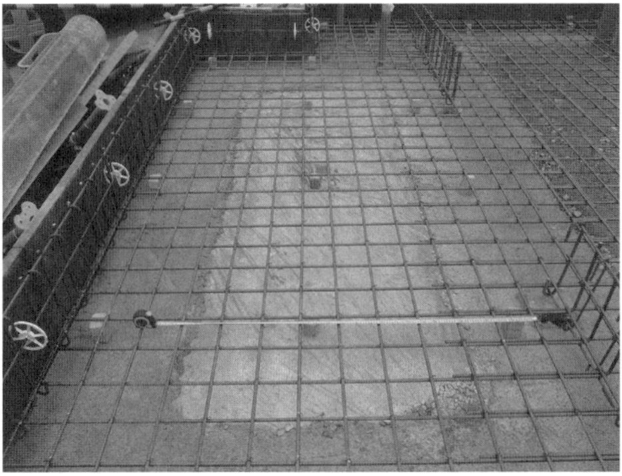

（コンクリート流し込み）

鉄筋は本来腐食しやすい部材ですが、強アルカリ性のコンクリートで覆われていることによって、腐食から免れ、長く機能を発揮します。そのため、コンクリートがどの程度厚くかぶさっているかによって、耐久性は大きく変わります。これをかぶり厚《あつ》といいます。

基礎のかぶり厚は、基礎の立ち上がり部分で４cm 以上、それ以外の地中に埋もれる部分で６cm 以上と法令で定められています（施行令79条）。

基礎作りのときは、必要なかぶり厚を確保するために、砕石の上に「スペーサー」という「隙間」確保のための仮設材を置き、その上に下側の鉄筋を配置してコンクリートを流し込みます。ところが、スペーサーを設置しても、スペーサー自体が埋没してしまうとかぶり厚が確保できない場合があります（第10章Ｑ７参照）。鉄筋を直接砕石の上に置いてコンクリートを流し込むという手抜き工事によって、かぶり厚が不足している場合もあります。

こうした施工不良は、基礎のひび割れ、沈下、コンクリートの爆裂などの欠陥現象につながります。

（スペーサー）

Q 4　基礎のひび割れ

A　基礎のひび割れは、危険度の高いものと、そうでないものとを見分ける必要があります。

基礎の立上がり部分の仕上げ部分の「モルタル」の表面に細かいひび割れが見られることがあります。これをヘアークラックといいます。これは、コンクリート自体のひび割れではないので、基礎の強度には影響しません。

ひび割れが入ったままでは見た目がよくないので表面上の補修が必要です。

〔図〕 ヘアークラック

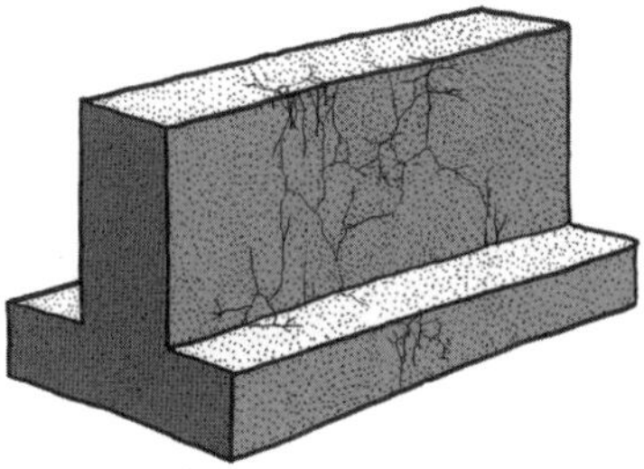

〔図〕 構造クラック

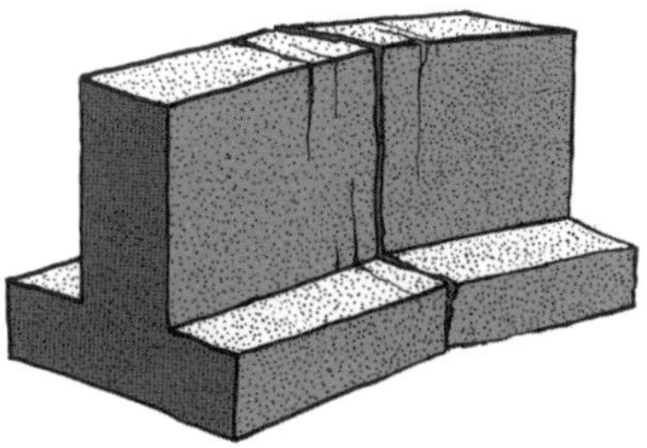

問題はコンクリート自体に入った大きくて長いひび割れです。

このようなひび割れが生じる原因として、①鉄筋が適切な位置に配置されていないことによるコンクリートのかぶり厚不足、②コンクリートを継ぎ足したことによる境目のひび割れ（継ぎ足し前後のコンクリートの乾燥度合いが異なるために生じるもの）、③型枠《かたわく》をはずすのが早すぎたことによるコンクリートの全体的な乾燥収縮、④建物の不同沈下、などが挙げられます。また、⑤ひび割れが開口部の隅部に生じている場合、開口部に必要な補強筋が入っていない可能性があります。

基礎に大きなひび割れがあると、そこから雨水が浸入し内部の鉄筋が錆びて基礎の強度が低下する危険性があります。ひびの幅が 0.2mm を超えると補修が必要です（日本コンクリート工学協会『ひび割れ調査、補修・補強指針』参照）。

Q５　地盤沈下の原因

A　地盤は、土の粒子（固体）、水（液体）、空気（気体）から構成されていますが、この水分や空気は、建物の重みで地表や周辺土壌に押し出されます。

水分を多く含んでいる粘土質層に建物の重みがかかって水分が抜けると徐々に地盤沈下が生じます。この地盤沈下を圧密沈下といいます。

粒子の間に空気を多く含んでいる砂質層に建物の重みがかかって、体積が圧縮され、瞬時に地盤沈下が起きることがあります。この地盤沈下を圧縮沈下または即時沈下といいます。

圧縮沈下は基礎に建物の荷重（重さ）がかかった直後に発生するため、工事期間中に発見されやすく、建物竣工後になって発見される地盤沈下は、そのほとんどが圧密沈下です。

水や空気が多いほど地盤は軟弱になります。とりわけ水の含有率は地盤の強度に決定的な影響を及ぼすので、水分を多く含んだ地層は軟弱地盤と呼ばれています。

軟弱地盤が多いのは、かつて川や沼地だった土地、干拓地、扇状地などです。かつて水田だった土地も水分を多く含んでいます。軟弱地盤の土地を造成する場合は、各地の条例や開発指導要綱に定められている土地造成基準に従って、おおむね30cmごとにローラーやランマーなどの締め固め機械などを使用して十分に転圧作業を行うなどの対策が必要となります。

〔図〕 埋土《うめど》の地盤沈下

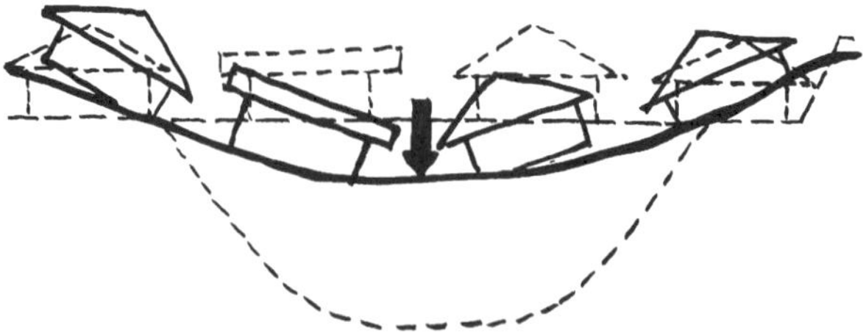

〔図〕 盛土《もりど》の地盤沈下

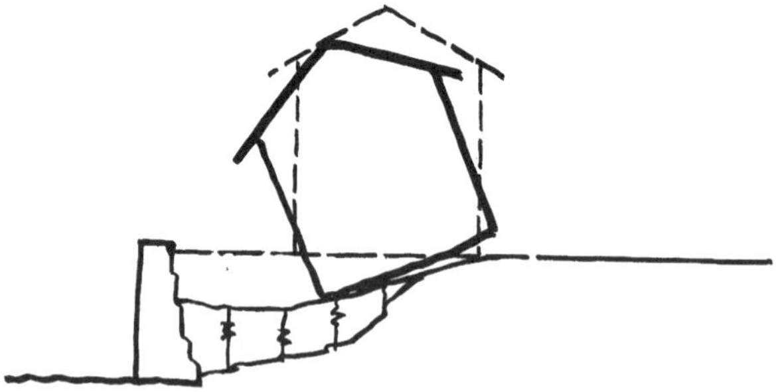

従来は、造成後一定期間をおくという対策もよく見られました。雨が侵入することによって締め固まるとか、乾燥収縮が繰り返されることで閉め固まるとか言われていましたが、造成自体がきちんとされていない限り、時間の経過によって地盤が締め固まったかどうかはわかりません。

圧縮沈下は、地盤の上に造成をしたり、建物を建てたり、新たな荷重をかけることによって生じますが、農業用水や工業用水のくみ上げなど、地下水位の低下が原因で起きることもあります。それまで働いていた水の浮力がなくなることで土の重さが増し、結果として土が圧縮して沈下が生じるためです。

〔図〕 水位低下による圧密沈下イメージ図

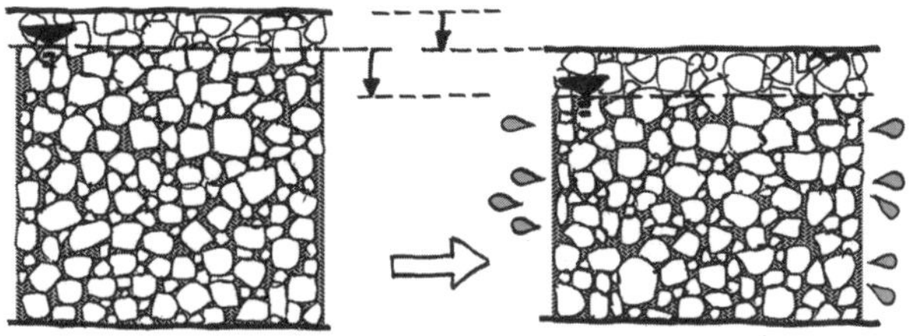

隣にマンションなどの大きい建物が建ったり、近くで地盤の掘削が行われたり、盛土がなされたりした場合も、地盤沈下を引き起こすことがあります。

〔図〕 地盤掘削による地盤沈下

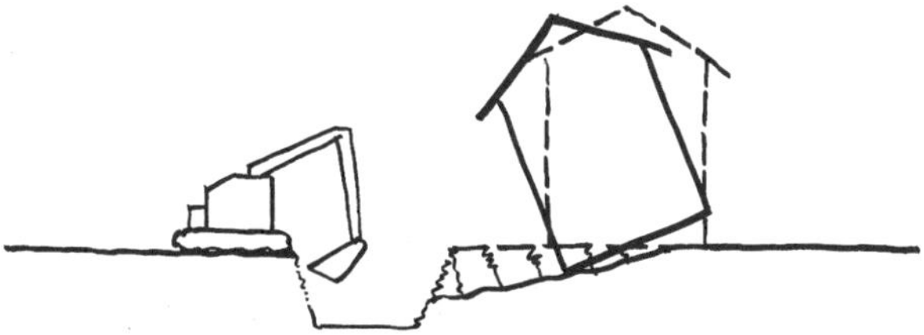

〔図〕 盛土による地盤沈下

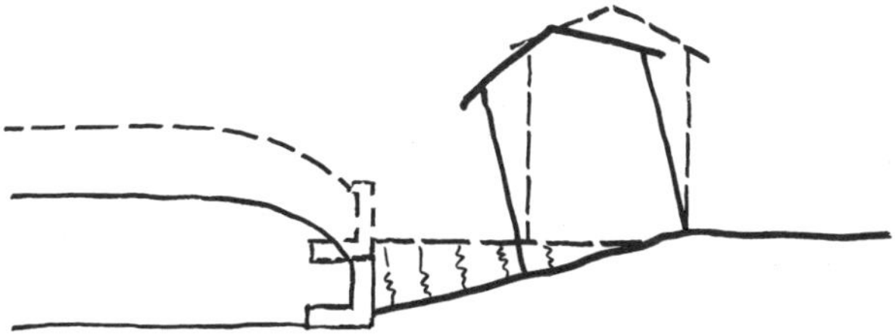

その他、「スレーキング」という現象がおきて地盤沈下が発生することもあります。スレーキングとは、土の塊や軟岩が掘り出されて空気や雨にふれ、乾燥・吸水を繰り返すことで細かく崩壊する現象です。スレーキングを起こ

しやすい泥岩や凝灰岩などの岩石を含んだ土を盛り土に用いると、造成後に地盤が軟弱化し、強度低下による沈下を起こすことがあります。

◆弁護士から一言◆

欠陥住宅訴訟の多くが不同沈下のケースです。相談段階で建具の建て付け不良や雨漏り、基礎の亀裂といった現象が指摘されていたケースで原因が不同沈下だったということはよくあります。その意味で、「まず基礎を疑え」です。

不同沈下の事例では、欠陥調査に際してスウェーデン式サンディング試験などによる地盤調査が必要不可欠です。基礎コンクリートに大きなひび割れがある場合は基礎自体の耐力を検討することも必要です。このときは、RC レーダーなどによるかぶり厚調査がよく行われます。これらの調査結果について訴状や準備書面において触れる時には、記述部分のすぐ横に直接、調査結果の表や写真を貼り付けると読む方も大変わかりやすくなります。

Q 6　地盤沈下の対策

A　軟弱地盤に建物を建てる場合は、まず地盤補強工事を行う必要があります。地盤補強工事には、軟弱層を固化する地盤改良工法と、軟弱層の下の硬質層（支持層）まで杭を打ち込む杭基礎工法の 2 種類があります。

軟弱層が比較的浅い場合には地盤改良工法の「表層改良工事」が採られます。これはセメント系の固化材を地盤の土と混ぜて固い層を作るものです。

軟弱層が一定の厚さある場合、「柱状改良工法」や「杭基礎工法」が適しています。

柱状改良工法とは、かくはん翼がついた装置を地中に挿入してセメントと水を混ぜた液体を注入し、円筒状の「柱状改良杭」を作って建物を支える方法です。

杭基礎工法とは、地盤を掘削してコンクリート製杭、鋼管杭などの杭を挿入し、基礎を杭で支える方法です。戸建て住宅では、小口径の鋼管杭を使った杭工法が多く採用されています。

〔図〕　表層地盤改良

〔図〕　柱状地盤改良

〔図〕　小口径鋼管杭

Q 7　不同沈下とは

A　建物が沈む場合には、建物全体が均等に沈下する「等沈下《とんちんか》」と、不均等に沈下する「不同沈下《ふどうちんか》」とがあります。

どちらも地盤が軟弱であることが原因です。

軟弱な地盤の厚さが違うために軟弱な地盤が厚い方が余計に傾くという場合や、傾斜地を切土《きりど》や盛土《もりど》で造成した地盤の場合にも、不同沈下が起きやすくなります。

〔図〕 不同沈下と等沈下

建物が不同沈下すると、窓やドアが閉まらなくなるなど建具に障害が生じます。ひどい場合には、基礎、壁、梁などに亀裂が生じ、その亀裂が雨漏りの原因となるなど、様々な不具合現象が生じます。

さらに深刻な問題は、構造材へのダメージです。構造体は、全体でバランスをとり、建物の荷重を下へと伝達しています。不同沈下が起こると、基礎や構造に傾きやねじれが生じてバランスがくずれ、大きな負担がかかる箇所が生じます。地震などによって大きな負担がかかると、その部分から損傷が発生し、大きな損傷に発展する危険もあります。

等沈下は建物の構造体に大きな影響を及ぼさないため、沈下量が小さいうちはほとんど生活に支障をきたしません。

　しかし、沈下量が大きくなると、生活排水が逆流したり、ひどい場合には配管がはずれるなどの弊害が生じてきます。

Q 8　不同沈下の補正方法

A　不同沈下による建物の傾きを補正する方法として、「ジャッキアップ工法」「薬液注入工法」「アンダーピーニング工法」などがあります。

ここでは「ジャッキアップ工法」「薬液注入工法」について説明します。

ジャッキアップ工法とは、基礎に穴を空けてセットした小型ジャッキで土台から上の建物をジャッキアップして、その隙間をモルタルで充填する工法です。最も多く用いられる工法であり、他に比べて作業量が少ないためコストや工期を抑えられるのが特徴です。基礎自体の傾斜は直っていないため、建物がやや不安定になります。

〔図〕　ジャッキアップ工法

薬液注入工法とは、地盤中に薬液（グラウト材）を注入して、地盤の透水性を減少させ、地盤の強化を図る地盤改良方法です。グラウト材の代わりに樹脂系薬液を使う工法もあります。

〔図〕　薬液注入工法

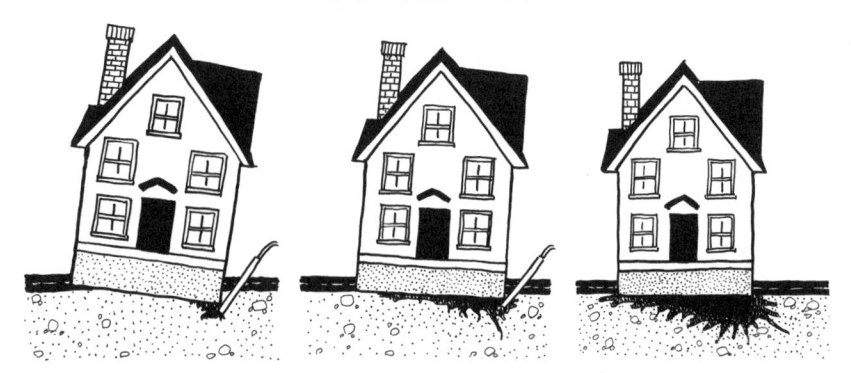

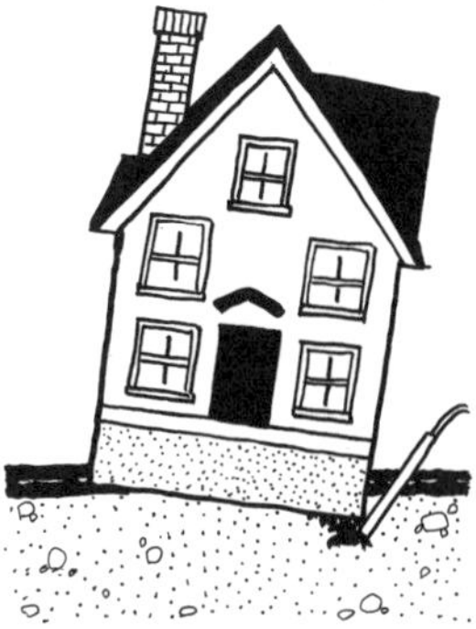

Q9　アンダーピーニング工法の特色

A　「アンダーピーニング工法」は、建物の荷重を利用して杭を固い支持層まで圧入し、支持地盤の反力を利用して建物を水平に戻す工法です。

沈下修正の精度は高く、再沈下の危険性がなくなる安全な工法と言われています。50cm～60cm程度の鋼管を継ぎ足して地中に圧入するので、深い位置まで打ち込む場合は、打ち込む鋼管の垂直精度の確保が難しくなります。最近は、鋼管の継ぎ手の改良や垂直精度の確保対策などが行われているため、不同沈下の補修方法として多く利用されています。

施工技術については、地盤工学会の「アンダーピーニング工法の技術指針」を参照してください。

〔図〕 アンダーピーニング工法

第5章

木造住宅の欠陥

Q１　材木の特徴

A　木材は、軽くて加工しやすく、切断や接合が比較的容易なのが特徴です。熱をためず、湿気を吸ってくれるので、高温多湿の日本の気候に適しています。さまざまな用途に使うことができるので建物に多用されています。

一方、木材は虫に食われて腐る、乾燥して収縮する、燃えるという欠点を持っています。これらについては、事前に乾燥を十分に行う、防蟻《ぼうぎ》処理を行う、石膏ボードなどの不燃材料を組み合わせるなどして短所を補います。

木の種類によって材質に特徴があります。

針葉樹のヒノキ・スギ・マツ（アカマツ・クロマツ）は幹がまっすぐで、構造材としてよく使われます。その中でもヒノキは優等生で、強くて長持ちし、見栄えもいいので、和室の柱や梁に使われます。スギは木目がきれいで柱や天井板に使われます。マツは強さが特徴で、梁などの横架材《おうかざい》に使用されます。ベイマツやベイトガなどの外国産の針葉樹は加工がしやすいので広く利用されています。広葉樹のヒノキ・ミズナラ・ブナなどは木目が美しいので仕上げ材に使われます。

木材は、木の切り方で「柾目《まさめ》」と「板目《いため》」に分かれます。

「柾目」は木の年輪の中心に向かって切ったもので、木目が直線できれいに並んでいます。「板目」は木の年輪の中心を外して切ったもので、木目が円弧状に並んでいます。

〔図〕　木材の切断方法と呼称

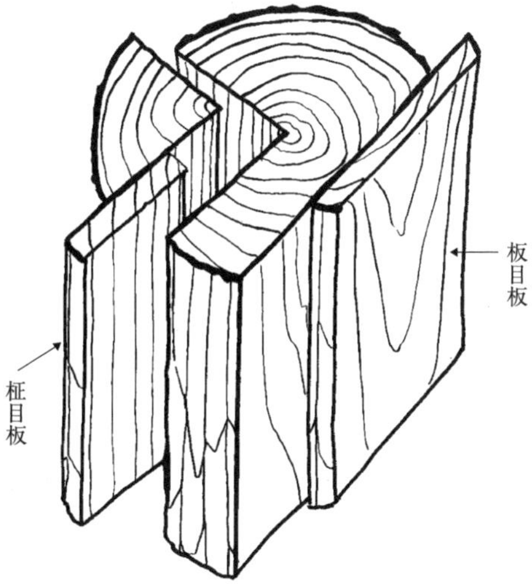

「柾目」と「板目」には以下のような特徴があり、使用する場所によって使い分けをします。和室の柱や長押《なげし》はきれいにみえるように柾目の柱を使います。床の間のある部屋の柱や長押には節のない「無節《むぶし》」の柾目が好まれます。

〔表〕柾目と板目の特徴

柾　　目	板　　目
収縮・ねじれが少ない	収縮による狂いが大きい
割れが出にくい	中央部に割れが出やすい
色と光沢がよい	色つやがよくない
無節材が多い	節が出やすい
高級材	普通材
とれる範囲が狭い	幅広に板がとれる

Q２　木材の種類

A　「無垢《むく》材」とは、原木を切断して作る角材や板材のことです。木の美しさがそのまま表れるという長所を有しています。しかし、材料によって強度にばらつきがあるという短所があります。

無垢《むく》材は、日本農林規格（通称 JAS 規格）で「等級」が定められています。等級には「目視等級」と「機械等級」があります。「目視等級」とは、節や丸身などの欠点を目視により判定し区分するものです。「機械等級」とは、機械で木材を上から押したときの強度（ヤング係数）を測定し区分するものです。平成12年国土交通省告示1452号で材種や JAS の等級によって木材の強度（圧縮・引張り・曲げ・せん断）が定められ、これに基づいて軸組工法の構造材の強さを計算することになっています。

材木の丸みの有無、節の入り具合という「見た目」による等級もあります。材木は見た目の美しさで価格が決まるので、もともと業界の中で使われていた区分ですが、JAS 造作用製材の品質基準について定めていて、節の状況によって「無節《むぶし》」、「上小節《じょうこぶし》」、「小節《こぶし》」、「並」に分けられています。

木造住宅の和室は「伝統的な日本住宅らしさ」が重視されますが、和室にどのような木材を使うのかきちんと決め、見積書には種類や大きさ、本数、価格だけではなく、こうした等級をきちんと表示することが重要です。等級がきちんと表示されていないと、節《ふし》が多いという苦情があっても瑕疵であるかどうかの判断は困難です。

柱や梁・桁などの構造耐力上主要な部分に使用する木材は、節・腐れ・繊維の傾斜、丸み等によって耐力上の欠点がないものでなければなりません（施行令41条）。実際の柱や梁の節・腐れ・繊維の傾斜、丸みなどが「耐力上の欠点」に該当するかどうかは、JAS 規格に基準が定められています。

柱や長押《なげし》の材木の色味が指定した色味と違うというトラブルも後を絶ちません。しかし、色味の違いを判定する基準となるものがありませんので、色味の違いが許容限度の範囲内かどうかは、水掛論になりかねません。色味表を使って明確にしておかないと、後で争うのは難しくなります。

Q3　集成材

A　「集成材」というのは、正式には「木質材料」といいます。これは、木の薄い板や小片を接着剤などでつなぎ合わせたものです。一番典型的なものは、木の板を何枚か貼り合わせて柱や梁などの材木のようにしたものです。これ以外に、木の板を貼り合わせて床材にした「フローリング材」、木の薄板を繊維の方向が互い違いになるように貼り合わせた「合板」、木を砕いた木くずを接着剤で固めた「パーティクルボード」などの種類があります。いずれも反りや曲がりが少なく、強度が安定しています。

〔図〕 集成材の作り方

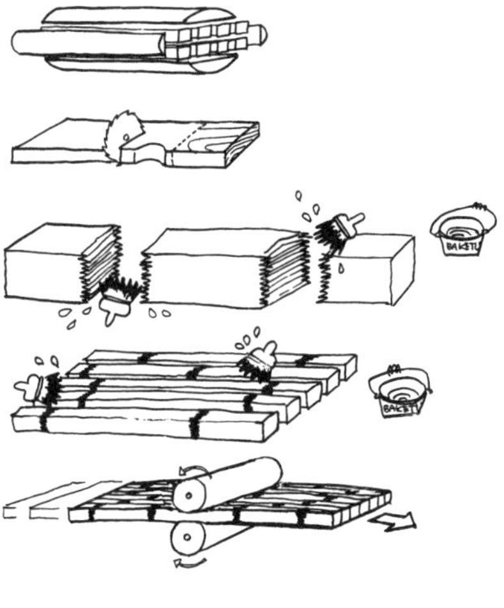

〔図〕 合板の作り方

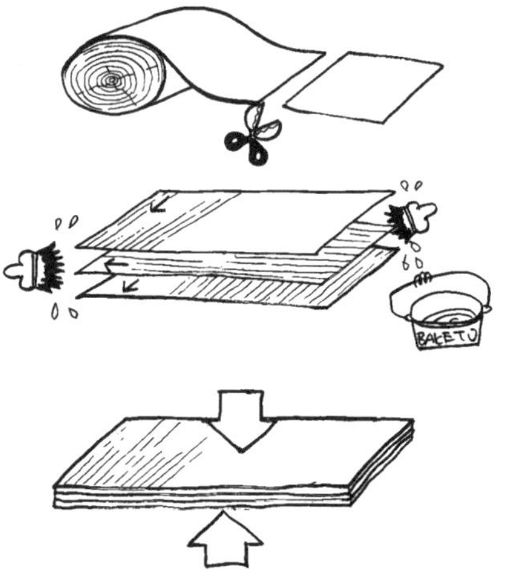

木質材料は、日本農林規格（通称JAS規格）で、接着の程度、厚さ、耐水性の有無などの基準があり、使用用途によって使用できるものが区分されています。

シックハウス症候群の原因とされるホルムアルデヒドの放散量によっても放散量が多いものから順番に等級があります。ホルムアルデヒドの放散量は星の数で表し、「F☆」から「F☆☆☆☆」という表記をします。F☆☆☆☆未満の建材は、建築基準法28条の２、同法施行令20条の５、同法に基づく平成14年国土交通省告示111号によって住宅で使用することが制限されています。現在はほとんどの住宅用建材の製品は「F☆☆☆☆」の規準を満たすものになっています（第７章　内装の欠陥Q３、Q４参照）。

Q4　土台の役割

A　基礎の上におく水平材のことを「土台」といいます。この材木の上に柱を立てます。一般の人は基礎の部分を「土台」と呼びますが、建築用語としては間違っています。「土台」は基礎の上にある材木のことです。

〔図〕 土台の位置

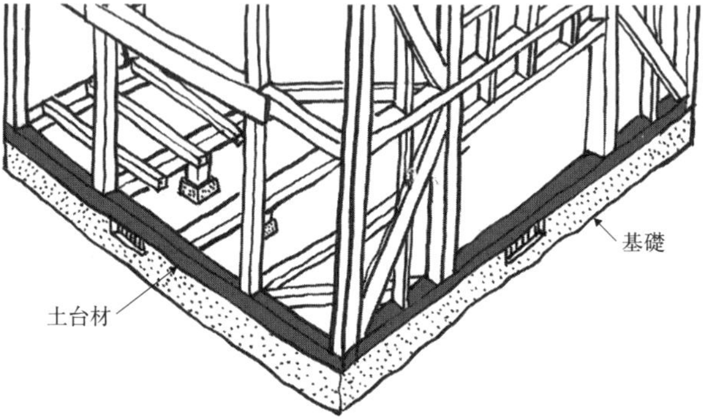

土台は建物全体の荷重を支え、その荷重を基礎から地面へ伝えるという重要な役目を果たしていますので、土台の耐久性を高めることは、その住宅を長持ちさせることにつながります。一般の住宅では、105mm角（3.5寸角）や120mm角（4寸角）の材料が使用されています。

土台には柱を設置したり、床を支える大引《おおびき》を掛けますが、土台にはあらかじめ柱の先を落とし込む「ほぞ穴」や大引を掛けるための「仕口《しぐち》」を作っておき、そこに入れます。

近年は、地震に強い構造にするため、「ほぞ穴」や「仕口」を設けるだけではなく、土台と柱を結合する「ホールダウン金物《かなもの》」や「山形プレート」等の金属を使用するようになりました。

〔図〕 土台と柱の設置方法

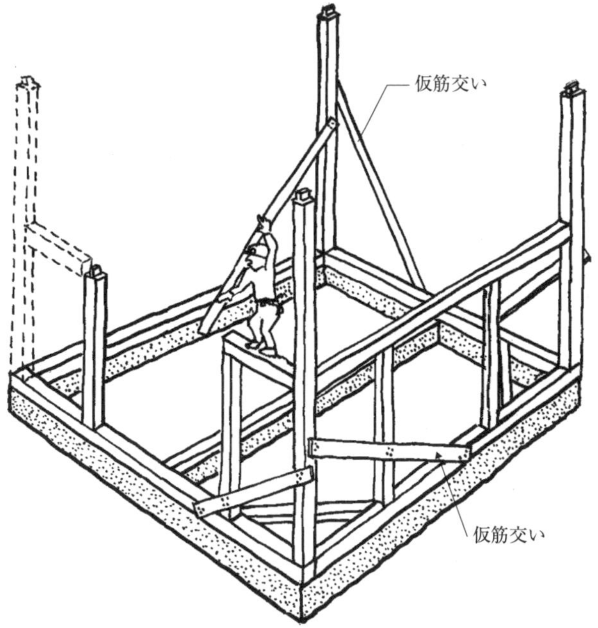

土台は基礎に固定します。柱が建つ位置や土台の継手《つぎて》から15cm ぐらい離れた所にはアンカーボルトを設置し、これで土台と基礎と緊結します。柱と柱の間も同じように２～３ｍ間隔でアンカーボルトで緊結します。これは、建物と基礎に固定し、地震力や風圧力などの水平方向の力による浮き上がりや移動を防ぐためです。

土台と基礎の間には、基礎パッキンを敷いたり、床下換気口などを設けて、床下の換気をうながします。基礎パッキンは、基礎に開口部分を設けなくてよいので、基礎の構造上の弱点を作らないという利点があります。乾燥状態を好む土台（木材）と水分を多く含む基礎（コンクリート）を絶縁することができるので、現在よく用いられています。

〔図〕 基礎パッキンの設置方法

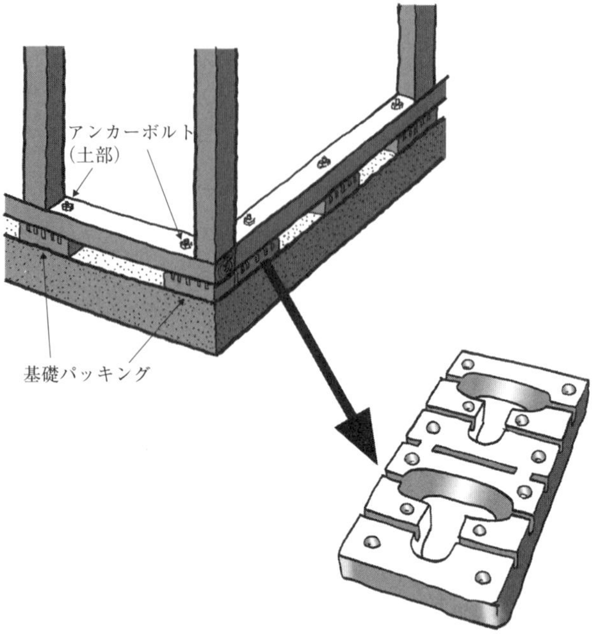

土台は耐久性を高めるために、防腐処理・防蟻《ぼうぎ》処理を施さなくてはなりません。建築基準法は地面から１ｍ以内の土台には防腐処理を義務づけ、必要に応じて防蟻《ぼうぎ》処理も義務づけています（令49条）

土台材にはカビやシロアリなどにも強いヒノキ、ヒバ、栗などの心材（赤身）を使います。土台が腐ったり、シロアリの被害を受けると床鳴りや床の傾きの不具合として現れます。

Q５　壁の構造—真壁工法

A　日本の伝統的な建築の壁は「真壁《しんかべ》」と呼びます。

構造躯体《くたい》の柱がそのまま化粧材、つまり「見せる柱」として表面に露出しています。柱と柱の間に竹組み（竹《たけ》小《こ》舞《まい》）などで下地を設け、その上を土壁で仕上げます。

柱や梁が室内に現れているので、柱や梁が空気に触れ、温度・湿度が安定し、耐久性がよいと考えられています。

〔図〕 真壁工法

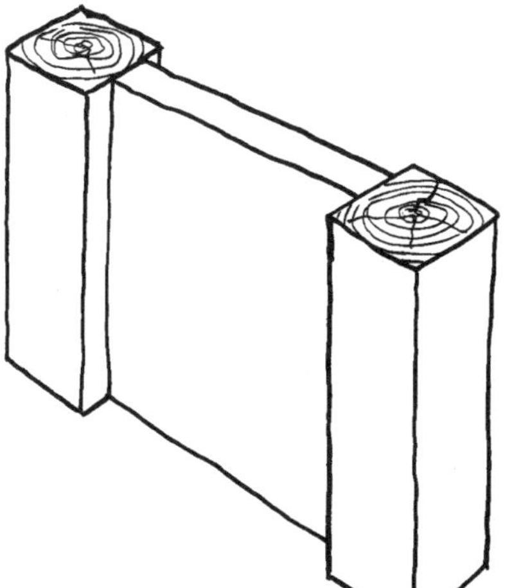

壁が柱などで区分されているため、汚れや傷がついてもその部分の壁だけを直せばよいので、建築後のメンテナンスも容易です。

最近は、柱や梁などの構造体を壁で隠してしまう大壁《おおかべ》工法を採用する建築が増えていて、真壁工法の壁は減っています。

現在では、和室も大壁工法でつくり、付け柱とよばれる、見かけだけの化粧柱を設け、見た目は真壁工法のように仕上げることが多くなりました。

Q 6　壁の構造ー大壁《おおかべ》工法

A　洋室の壁は柱や筋交いなどが壁の外に表れることがないように仕上げ材で覆い隠した構造です。これを大壁と呼びます。

気密性がよく、防寒・防湿・防音の効果が高いという利点があります。壁厚を大きくとることができ、内部に筋交いや補強金物《かなもの》、配管設備、断熱材、遮音材などを挿入しやすいので、最近は壁構造の主流になりつつあります。

〔図〕 大壁工法

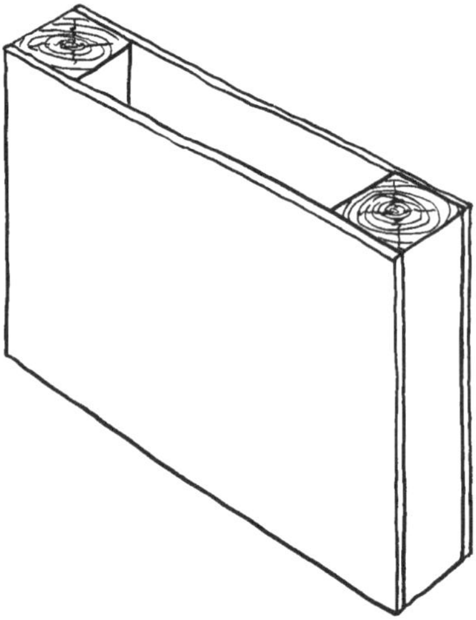

一方で、施工時に断熱材を適切に施工しないと壁の中の結露を引き起こす危険があります。大壁工法は、内部に湿気が入り込むと乾燥しにくく、部材が腐りやすくなるので注意が必要です。

最近は、和室の壁を作るときにも、工期短縮や施工の簡素化およびローコスト化のために、大壁工法で作ることが増えてきました。柱を見せずに造作材を少なくしたモダンな感じの和室が好まれるようになったことも一因です。

真壁工法と大壁工法の特徴を比較すると、以下のとおりです。

〔表〕 真壁工法と大壁工法の特徴

真壁工法	大壁工法
耐久性がよい	施工が容易
メンテナンスが容易	壁内部に筋交いや補強の金物・配管設備・断熱材・遮音材などが挿入しやすい
痛み反りを発見しやすい	気密性がよく防寒・防湿・防音の効果が高い
	ローコスト
結露は起きにくい	湿気・結露に注意が必要
伝統美	モダン

Q７　筋交《すじか》いの役割

A　柱と梁が形づくる長方形の構造体を軸組《じくぐみ》といいます。

この軸組は、地震や台風などの水平力を受けたときに平行四辺形に変形します。この変形を抑制するため、対角線上に設ける部材を「筋交い」と言います。これにより水平方向の力に抵抗する力が強くなり、耐震強度が増します。

〔図〕 筋交いの施工位置

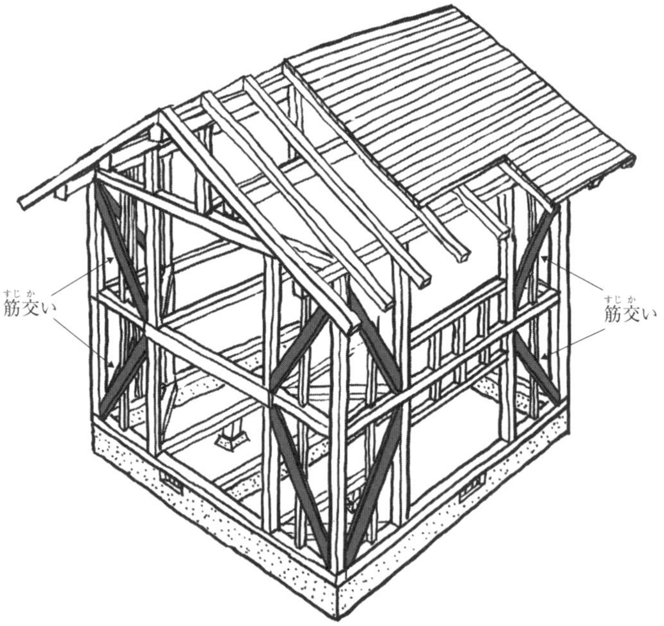

建築基準法では一定の割合で筋交いを使用することが義務づけられています（令45条、46条）。適切な筋交いを設置した壁は「耐力壁」と呼ばれます。耐力壁を壁面にバランスよく配置することにより、建物の安定性を高めなければなりません。

筋交いと他の部材との接合部には力が集中するので接合部を緊結しなければなりません。釘打ちやかすがい止めなどの比較的簡単な取り付け方では、力がかかった場合に取り付け部分がはずれてしまうおそれがあります。平成12年の建築基準法の改正によって柱や梁に緊結する金物《かなもの》が具体的に定められました（令47条および平成12年建設省告示1460号）。

〔図〕 筋交い金物

筋交いは厚さ 1.5cm 以上、幅 9 cm 以上の材木を使用します（施行令45条）。

筋交いは、構造耐力上重要な役割を果たしているので、不必要な欠き込みをしてはいけません。壁内の配管のために筋交いを切断することは許されていません。筋交いを「たすき掛け」する場合にどうしても欠き込みをせざるをえない場合は補強を行わなければなりません（令46条 4 項）。

Q8　柱の役割

A　柱は地面に対して垂直に立てられた構造材です。

棟や梁、床などを支え、室内の壁を構成します。柱の上部または下部は、土台や軒桁《のきげた》、胴差《どうさ》し、梁などの横架材《おうかざい》に差し込みます。

柱の太さは建築基準法で高さに対する割合で最低基準が定められています(令43条)。実際にどの程度の大きさの柱が必要かは構造耐力の計算によって決まります。一般の住宅では、105mm 角（3.5寸角）や 120mm 角（4 寸角）の材料が使用されていますが、近年は耐震性を考慮して 120mm 角（4 寸角）を使用することが多くなっています。

〔図〕 柱の位置

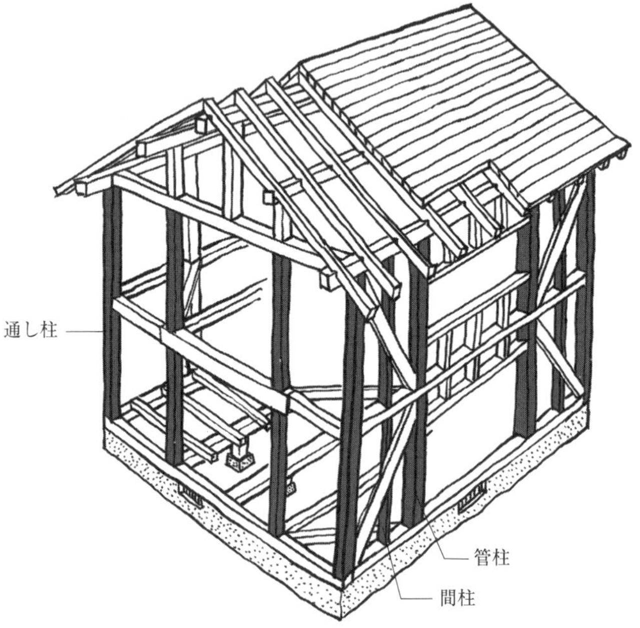

２階建ての建物では、上階の隅部分に、１階部分と２階部分が１本になった「通し柱」を立てます。

建築基準法では、建物の四隅に通し柱が必要とされています（令43条５項）。通し柱は１階の柱と２階の柱の位置を一致させ、１階と２階の間取りを同じようにして構造的に安全な間取りを実現する役割を持っています。

２階床を支える１階の柱、また屋根を支える２階の柱のように、各階ごとに切れた柱を「管柱《くだばしら》」といいます。壁の内部にある下地用の柱を「間柱《まばしら》」といいます。柱は用途、場所、役割によって呼び名が異なります。

また、仕上げ材として木肌をみせる「化粧柱《けしょうばしら》」、装飾用の柱として角材を半分にした「半柱《はんばしら》」、銘木を使った「床柱《とこばしら》」、集成材を使った表面だけの付け柱などがあります。

Q9　梁《はり》と桁《けた》の役割

A　屋根部分や床部分などの重さを支える水平材を「横架材《おうかざい》」といいます。

屋根の棟《むね》と平行する横架材を桁《けた》、屋根の棟と垂直になる横架材を梁《はり》といいます。梁と桁は柱の上に横に渡して屋根や床組などを支えます。

梁・桁にかかる力が大きいほど、また梁（桁）と梁（桁）との間隔が広いほど、梁・桁に使用する木材を大きくします。

梁や桁が荷重を支えるに足りるがどうかは、木材の種類や部材の大きさに基づいて構造耐力計算によって確かめます。構造耐力が不足すると、梁・桁がたわみ、障子や襖が開かなくなる、建具が閉まらなくなるなどの支障が出ます。

使う部位によって呼び名が異なります。屋根裏の梁は「小屋梁《こやばり》」、垂木《たるき》を受ける桁は「軒桁《のきげた》」、2階の床を支えるのは「胴差《どうさ》し」・「床梁《とこばり》」などと呼びます。

〔図〕　梁の位置と呼称

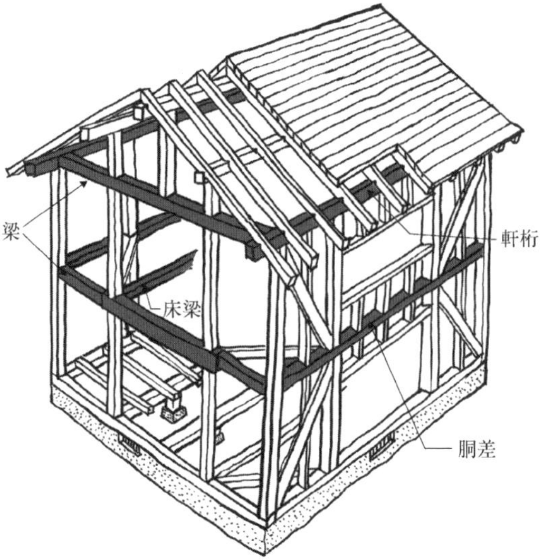

最上階の屋根の構造を全体で小屋組《こやぐみ》といいます。屋根裏が大きくても小さくても「小屋組」です。その中で、屋根を支える「小屋梁《こやばり》」は、曲げに強い松材を用いることが多く、少し湾曲した梁の背を上側にしてアーチ状に渡すことで上からの荷重に耐えるようにしています。昔は、松材の丸太が用いられていましたが、近年は製材された角材が一般的になっています。

垂木を受ける「軒桁」は屋根荷重を柱に伝えます。

「胴差し」は、2階の床を支え、上階の柱や管柱からの荷重を受ける部材です。「胴差」は建物の外周部分の梁をいい、「床梁」はそれ以外の室内の梁をいいます。

梁・桁は上からの荷重を支える役割を果たしているので、中央部分の下部には大きな「引っ張り力」が働きます。したがって、建築基準法では中央部分の下部には不必要な欠き込みをしてはいけないと明記しています（令44条)。梁・桁の下部に柱を差し込む「ほぞ穴」を開けた後に柱の設置を止めたり、位置を変更したりすると、「ほぞ穴」が「不必要な欠き込み」として残ってしまいます。これを塞ぐだけでは耐力低下を補うことができません。補強金具を設置するなどきちんと補強をする必要があります。

Q10　火《ひ》打《う》ち梁《はり》の役割

A　「火打ち梁」は、水平に直交する部材の交差部をしっかりと固定するために入れる補強材です。土台の隅や、梁《はり》や桁《けた》などの接合部に45度の角度で入れます。1階の土台の隅に入れるものを「火打ち土台」といい、上階の床の隅や小《こ》屋《や》組《ぐみ》の隅に取り付けるものを「火打ち梁」といいます。

最近では、木材ではなく、鋼製でできた既製品の「火《ひ》打《う》ち金物《かなもの》」を使うことも多くなっています。

〔図〕　火打ち梁・火打ち土台の設置方法

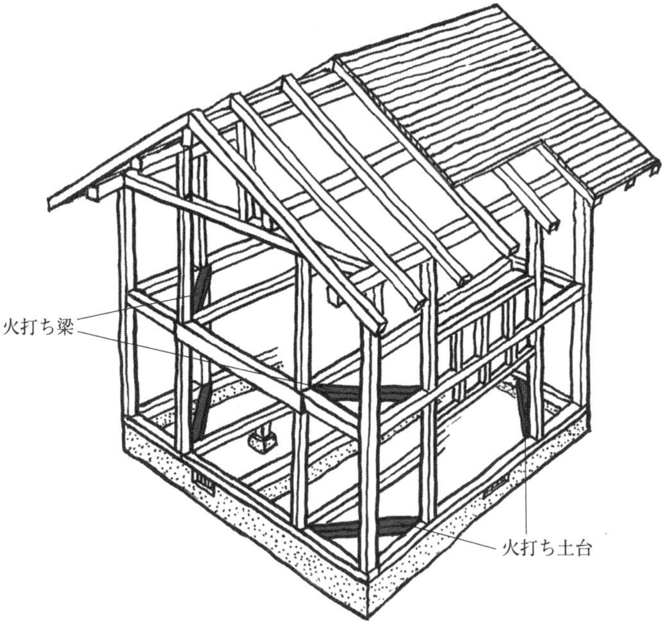

火打ち梁は建物の四隅に配置しますが、建物が大きい場合は、その内部にも追加して配置します。屋根が変形しないようにするため小屋組には十分に火打ち梁を配置する必要があります（令46条3項）。

火打ち材は、斜め材なので他の部材との納まりが悪く、大工には歓迎されません。火打ち材を省略する場合は、火打ち材に代えて、床に構造用合板を直接打ち付けて床の変形を抑制しなければなりません。

火打ち梁が設置された付近では強い引っ張り力が働きますので、梁材の継《つぎ》手《て》を設けることは好ましくありません。

Q11　継手《つぎて》と仕口《しぐち》の役割

A　「継手」は木材を直線的につなぐ木組みです。

「仕口」は木材をある角度（通常、直角）で接合する木組みです。

梁や桁などの横架材を途中で継ぐときは、「腰掛け鎌《かま》継《つ》ぎ」や「台《だい》持《も》ち継《つ》ぎ」、「追掛け大栓継《たいせんつ》ぎ」などの「継手」で結合します。

〔図〕 腰《こし》掛《か》け鎌《かま》継《つ》ぎ

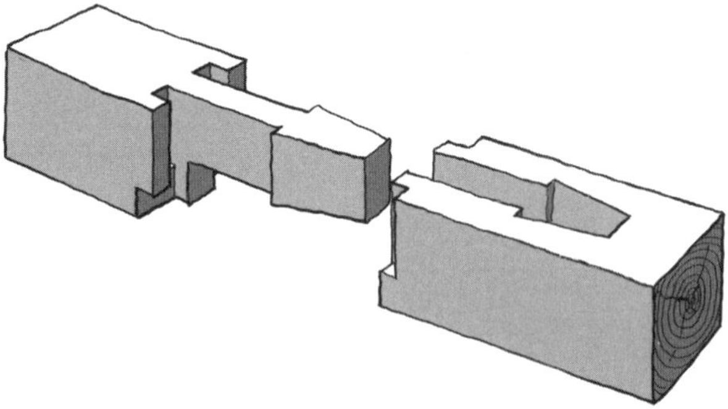

〔図〕 台《だい》持《も》ち継《つ》ぎ

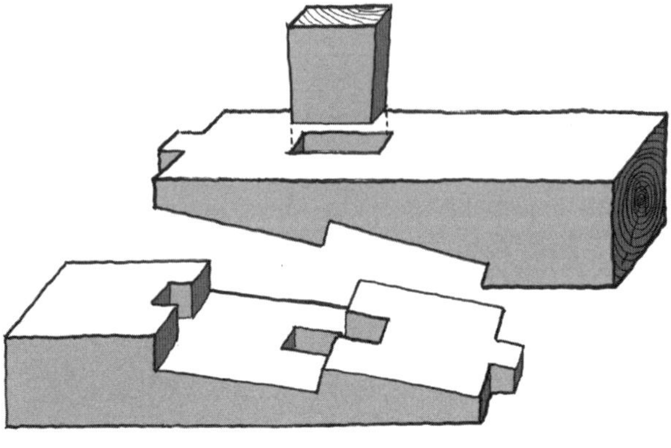

〔図〕 追掛《おっか》け大栓《だいせん》継《つ》ぎ

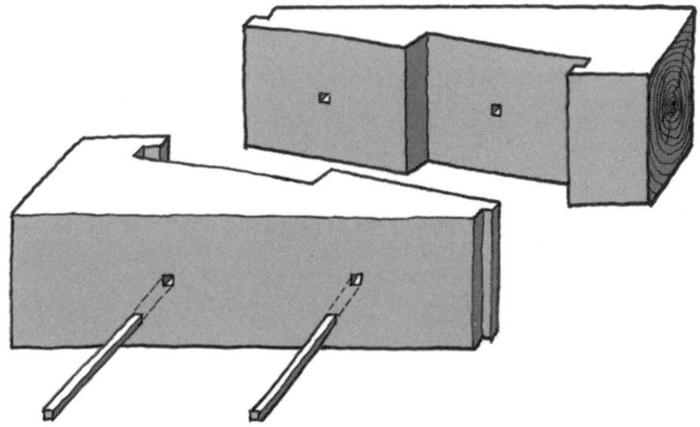

土台と土台、土台と大引《おびき》、胴差《どうさし》と梁《はり》などを直角につなぐときには「鎌《かま》継《つ》ぎ」や「蟻《あり》継《つ》ぎ」がよく使われます。多くは「腰掛け」という引掛け部分が付いている「腰掛け鎌継ぎ」「腰掛け蟻継ぎ」になっています。材木の端《はし》全体を継《つ》ぎ手にした「大入《おおい》れ鎌継ぎ」「大入《おおい》れ蟻継ぎ」もあります。

〔図〕 腰掛け蟻《あり》継《つ》ぎ

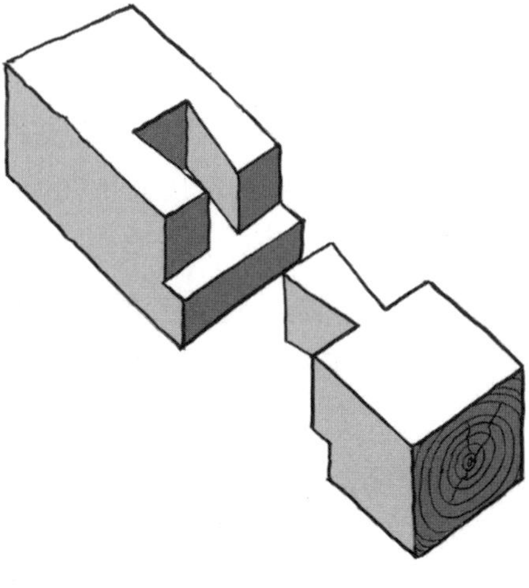

仕口の中で一番よく見るものは「ほぞ差し」です。木材をＴ字型に組み合わせるもので、柱と土台、柱と梁の接合部分によく見られます。柱の下部に「ほぞ」という「差し込み部分」を作り、土台には「ほぞ穴」を設けて、「ほぞ」をこの「ほぞ穴」に落とし込んで結合します。

〔図〕 短ほぞ差し

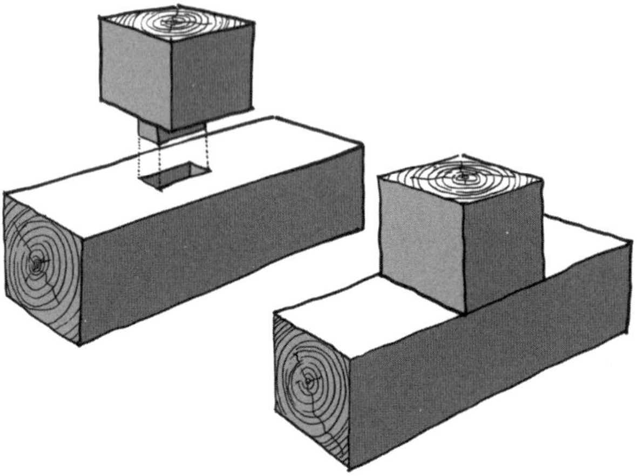

建物の規模や部材の使用箇所によって「継手」や「仕口」を選択します。力の伝達が的確に行われるよう、それぞれに突起部分とこれを受け止める穴をつくり組み合わされています。簡単な形状ものから複雑なものまで種類がたくさんあり、継手・仕口の種類の多さは日本の木材文化の豊かさを示しています。

継手・仕口を設けるにあたっては、応力があまりかからないところを選び、切り込み部分を少なくし、接合部の隙間をなくし、主要構造材の強度を弱めないことが大切です。

近年は住宅の耐震性を高めるため、継手や仕口に耐震金物《かなもの》を併用すること多くなっています。

Q12　接合部の金物《かなもの》の役割

A　木造の継手《つぎて》や仕口《しぐち》には、接合部の補強や木材の脱落防止のために金物《かなもの》が設置されています。「補強金物《かなもの》」、「構造金物《かなもの》」とも呼ばれることもあります。

設置場所によって、「ホールダウン金物」、「羽子板《はごいた》ボルト」、「山形《やまがた》プレート」、「アンカーボルト」など、さまざまな種類があります。

阪神淡路大震災のときに、継手や仕口が外れて大きな破壊につながった事例が多かったので、平成12年の建築基準法の改正によって建物の耐震性を高めるために、構造耐力上主要な部分の継手や仕口に設置する金物が具体的に定められました（令47条、平成12年建設省告示1460号）。

「ホールダウン金物」は基礎と土台と柱を緊結するためものです。引き寄せ金物と呼ばれることもあります。

建物の四隅の柱や大きな窓の隣の柱ではホールダウン金物を取り付けます。2階建ての場合には、およそ2割程度の柱にホールダウン金物を取り付けることになります。取り付け方は、六角ボルトを使用するものと、多数の釘で止めるもの、専用のビスで止めるものなどがあります。

〔図〕 ホールダウン金物

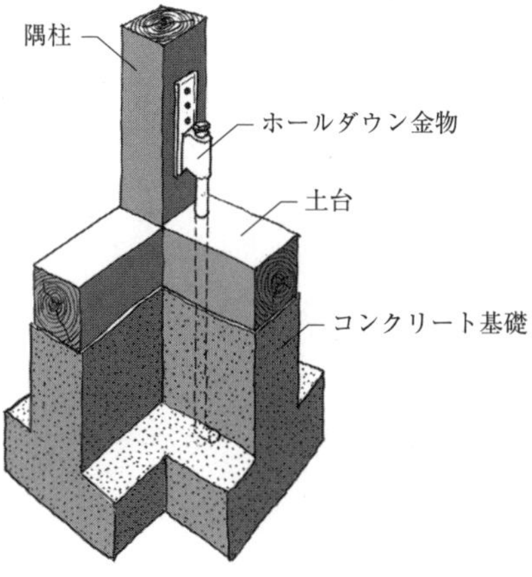

「羽子板ボルト」は、梁《はり》と梁《はり》、柱と梁のように直行する部材を引き寄せて補強する金物です。羽子板状の形をしているので「羽子板ボルト」と呼ばれます。地震や台風時などに仕口が外力を受けたときに、梁がはずれて脱落するのを防ぐために必要不可欠な金物です。主に軒桁《のきげた》と小《こ》屋《や》梁《ばり》、梁と梁を緊結する際に用いられます。

〔図〕 羽子板ボルト

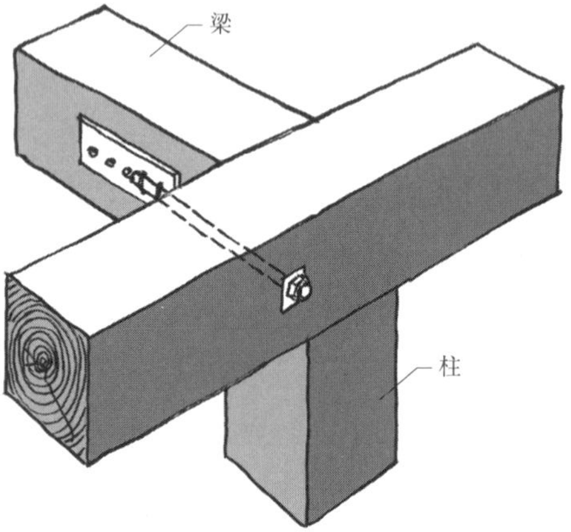

〔図〕 山形プレート

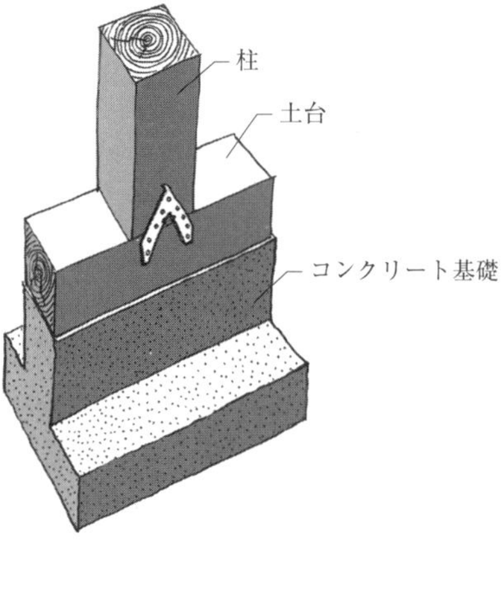

「山形プレート」は、地震や台風の時に引き抜き方向の力を受ける柱と横架材の接合部を補強するV形をした金物です。「VP プレート」とも呼ばれることもあります。部材と部材の接合面を示すラインと矢印が刻印されているので、これを目安に金物の取り付け位置を決めます。

Q13　小屋組《こやぐみ》の役割

A　屋根裏の構造を小屋組と言います。

小屋組は、屋根の最上部を支える棟木《むなぎ》、屋根瓦をのせる野地板《のじいた》、これを支える垂木《たるき》、垂木を支える横架材である母屋《もや》、母屋や棟木を支える小屋《こや》束《つか》、小屋筋交いなどからなり、いずれも屋根の荷重を柱に伝える働きをします。

〔図〕　小屋組の構造図

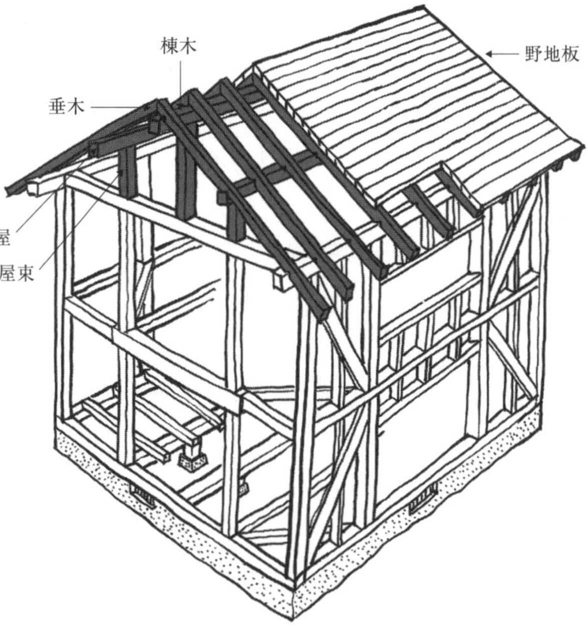

小屋組には「洋小屋」と「和小屋」があります。

日本の木造住宅の主流は和小屋です。和小屋は、軒桁《のきげた》に小屋梁《こやばり》をかけ、その上に小屋束《こやつか》を立て、棟木や母屋を支えます。

〔図〕 和小屋の小屋組例

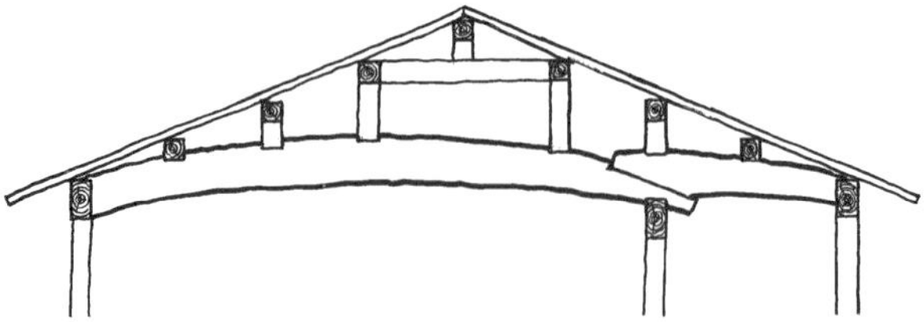

屋根の荷重は小屋梁にかかるので、小屋梁は曲げに強いマツなどの太い材木を使います。伝統的な木造住宅では反ったマツ材をよく使っています。

これに対し、小屋組を水平材、垂直材、斜材で三角形状を組み立てたものを「洋小屋」といいます。下の図にあるような三角形状の部分は、「トラス」と呼ばれます。三角形の骨組みなので力学的に強く、広い部屋を必要とする事務所や集会所などの大きな屋根を架けるのに適しています。和小屋のように小屋梁が曲げに強い材料である必要はありません。

〔図〕 洋小屋の小屋組例

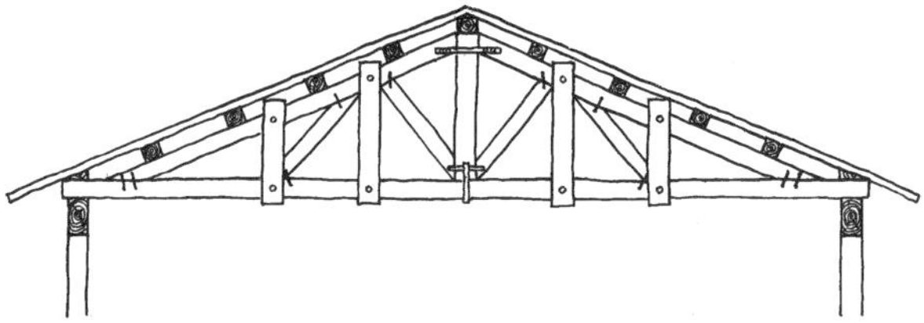

小屋組の梁に大きなひび割れや裂け目が見られることがあります。乾燥が不十分な梁を使用したために組み立てた後にひび割れや裂け目が発生したと思われます。梁《はり》などの構造耐力上主要な部分に使用する木材は耐力上の欠点がないものでなければなりませんので（令41条)、最初から大きなひび割れ（部材長さの３分の２条の貫通ひび割れ）が入ることがわかっていながら、未乾燥材を使用した場合には瑕疵になることがあります。

Q14　屋根の種類と特徴

A　屋根は雨、雪、風を防ぎ、日射を遮り、建物の傘のような役目をしています。

一般の木造住宅では、「切妻《きりづま》屋根」や「寄棟《よせむね》屋根」、「入母屋《いりもや》屋根」、「片流れ屋根」などがあります。

〔図〕 切妻《きりづま》屋根

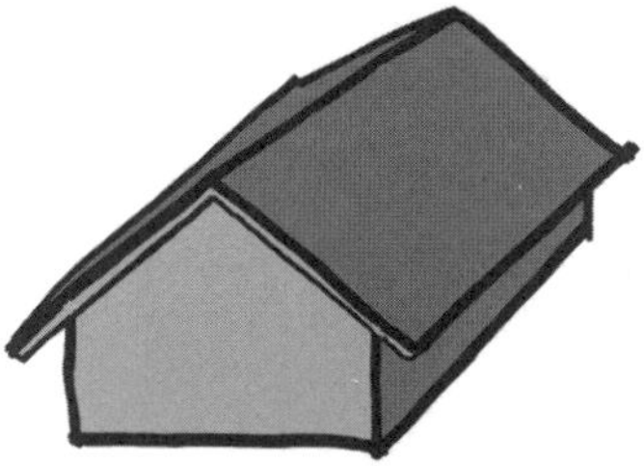

〔図〕 寄棟《よせむね》屋根

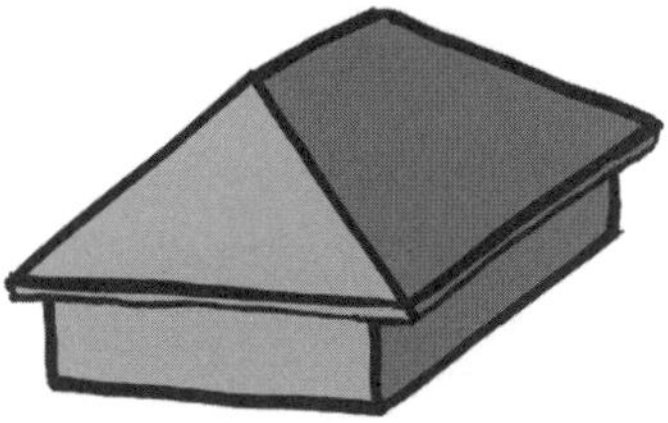

〔図〕 入母屋《いりもや》屋根

〔図〕 片流れ屋根

「切妻」の妻とは、「端《はし》」の意味です。屋根の端が切り落とされたようになっているので「切妻」なのです。切妻屋根の建物から出ている部分を「軒下」と言います。最近は軒の出が少ない建物が増えていますが、軒がほとんどない建物は、雨が壁や窓周囲にかかりやすく、雨漏りの危険が高くなります。

屋根葺き材には、瓦や板状のスレート、アルミニウムや鋼板などの金属板などがあります。スレート瓦はカラーベストとも呼ばれ、商品名の方がよく知られています。

（化粧スレート）

（金属瓦）

（粘土瓦）

屋根の傾斜（屋根勾配）は、土地の風の強さや雨量、積雪量などの気象条件などによって決められます。

屋根勾配は、4寸勾配（4/10）、6寸勾配（6/10）というように底辺を10としたときの高さで表します。

瓦屋根の勾配は通常、4寸勾配です。これより緩い勾配で瓦屋根を葺くと、瓦と瓦の隙間から雨漏りが生じることもあります。屋根材に適した勾配を確保しなければなりません。

Q15　耐震性能

A　地震大国の日本は、関東大震災（1923年）、宮城沖地震（1978年）といった大地震が発生するたびに、耐震基準の改正を繰り返してきました。大地震によって地震が建物に与える影響や建物の構造の弱点が明らかになってきたからです。

昭和53年（1978年）の宮城県沖地震を契機として耐震設計が大幅に見直され、昭和56年に建築基準法の大改正が行われました。建物が存続期間中に数度は遭遇する震度５強程度の「中規模地震」では、建物に軽微な損傷が出る程度にとどまるようし、建物の存続期間中に１度は遭遇すると予想される震度６強から７程度の「大規模地震」では、建物が壊れたとしても、中にいる人に被害が出ないよう倒壊だけは免れるようにしようということになりました。これが「新耐震設計基準」、いわゆる新耐震基準です。

阪神・淡路大震災では、昭和56年の改正以前に建てられた耐力壁の少ない建物に被害が多く見られました。その意味では、新耐震基準は被害の抑制に効果があったと言えます。

〔図〕　阪神淡路大震災の現場で壊れかけた建物

〔図〕　建築基準法の改正と耐震性能

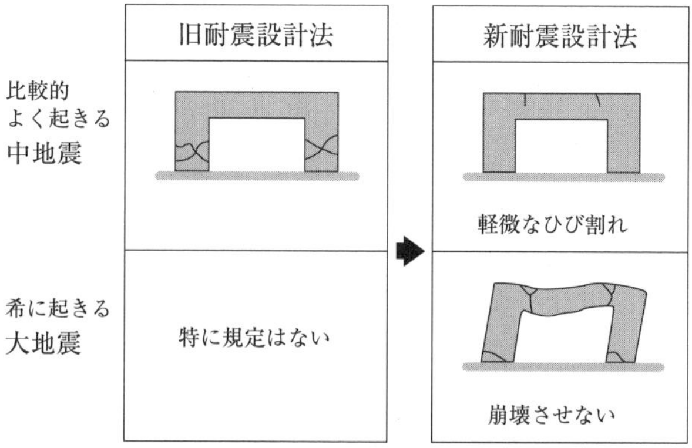

木造建物については、平成12年に、柱や梁《はり》の接合部を強化することなどの大きな改正が行われました。この改正によって金物《かなもの》の設置が義務づけられ、金物の使用する量が増えました。「耐力壁」の配置にも「釣り合いよく配置する」ことも必要になりました（令47条）。

建築基準法では、階数が 3 以上、延べ面積が $500m^2$ 以上、高さ 13m または軒高 9 m 以上となる木造建築物の場合には、構造計算による適合判定が義務付けられています。しかし、一般的な 2 階建ての木造軸組構法の住宅（通称「4 号建物」）については、部材や接合方法などの規定を守ることで構造安全性を確保することにし、構造計算書の提出は求められていません。

しかし、4 号建物に構造計算書の提出が求められていないからといって、「構造の安全性の確認をしなくてもよい」ということではありません。建築物は地震その他の衝撃に対して安全な構造のものにしなければならないと定めた建築基準法20条はすべての建築物に適用があります。どのような木造住宅を建てる場合でも、構造の安全性の確認は必須です。

Q16　筋交いと耐力壁の不足

A　耐力壁とは、地震や台風などの水平方向の力に対抗して、建物を支える壁をいいます。

構造耐力上主要な部分の壁は、すべての方向の水平力に対して安全であるように筋交いや構造用合板を入れた壁を設けなければなりません（令46条1項）。

どのように筋交いや構造用合板を入れればよいかは、建築基準法施行令と告示で詳しく定められています。

下記の表のように、筋交いの本数や構造用合板の有無で、耐力壁の耐力（壁倍率といいます）が区別され、これに従って必要な耐力壁の計算を行います。（令46条4項、平成12年建設省告示1352号）。これを壁量《かべりょう》計算と呼びます。

これに対し、構造的な役割をもたない壁、空間を仕切るために設けられた壁を「間仕切り壁」もしくは「非耐力壁」といいます。

〔図〕　筋交いと耐力壁による耐震性能

		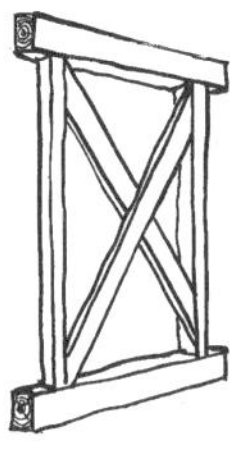		
構成	3×9cm筋交い	3×9cm 筋交い たすき掛け	3×9cm 筋交い + 外壁は構造用合板	3×9cm 筋交いたすき掛け + 外壁は構造用合板
強さ	1.5	3.0	4.0	5.0

耐力壁の配置に偏りがあると、水平方向の力が加わった際に建物全体がねじれたり、大きくひずむ等の問題がでてきます。耐力壁は建物にバランスよく配置することが求められています（令46条１項)。

従来は筋交いの入った壁が主流でしたが、リビングを広くしたり、吹き抜け部分を作ったりして部分的に耐力壁の能力を上げるために、「構造用合板」を打ち付けた壁が多くなっています。しかし、構造用合板が、下記の図面のように、上部の梁まで到達しておらず、天井から少し上までしか貼られていない場合には、十分に耐力を発揮しない場合もあります。

〔図〕　構造用合板の悪い設置例

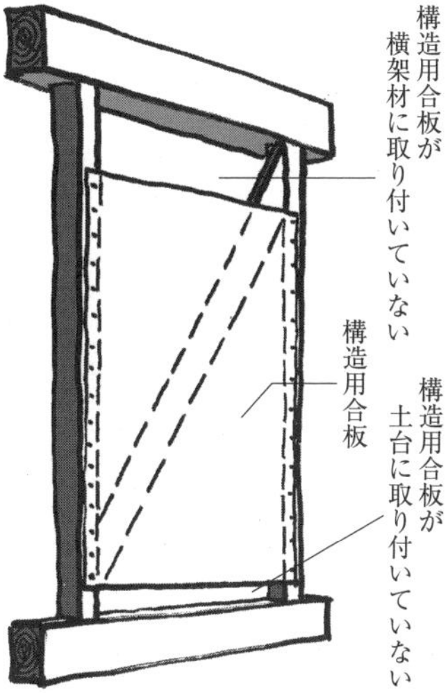

リフォームなどの際などに、耐力壁は不用意に撤去することは危険です。耐力壁を撤去すると、それに代わる耐力壁を確保しなければなりません。

建物の耐震性を高めるためには、柱や梁を大きくすることよりも、耐力壁の量を多く取ること、木材を金物などで正しく緊結することの方が有効です。

Q17　構造用合板の使用方法

A　「合板」とは、ベニヤと呼ばれる木の薄板を1枚ごとに繊維方向が互いに直交するように接着剤で重ね合わせて1枚の板にしたものです。「合板」のことを「ベニヤ」と誤って呼んでいることがありますが、ベニヤを張り合わせたものが合板です。

「構造用合板」とは、合板の中の1つで、建物の構造耐力上主要な部分に使用される合板のことをいいます。耐力壁、床板、屋根の野地板などに用いられ、9mm、12mm、15mmのものがよく使用されます。

〔図〕 合板

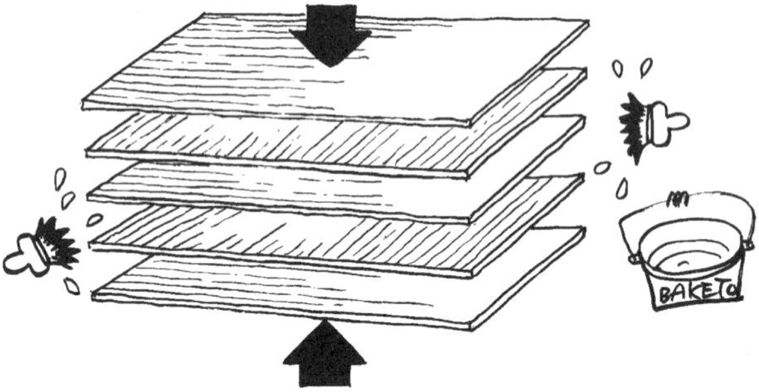

ベニヤ単板を繊維方向が互いに直角になるように重ね、接着して一枚の板にしたもの

（構造用合板が使用される場所）

（床の構造用合板）

（屋根の構造用合板）

この構造用合板を所定の釘で固定することによって「耐力壁」とすることができます。構造用合板の種類によっては、筋交いよりも高い壁倍率を確保することもできます。構造用合板を使用して筋交いを省略すると、壁内の空間を有効利用することができ断熱材をきれいに施工することができるという施工上のメリットもあります。外壁の仕上げがモルタルなどの塗りの際、下地としても兼用することができるので、最近はよく使われています。

床でも、30mm 以上の構造用合板を下地に使用すると根太を省略することができ、作業が効率化できるだけでなく、防音性や耐震性を高めることができるので、構造用合板を使用する事例も増えています。

２×４工法では、構造用合板を多用しますので、合板の使い方を間違っていないかどうか、検討を要します。

Q18　構造用合板の釘の打ち付け方

A　釘の用途は広く、そのため用途に応じたさまざまな種類・長さがあります。

構造用合板を多用する２×４工法では、４種類の専用の釘（CN 釘）を使い分け使用します。釘は種類ごとにカラーリングされていて、一度打ち込んでしまっても確認ができる釘頭に塗装された色でチェックができるようになっています。２×４工法で使用する釘は、通常使用されている鉄丸釘（N釘）よりやや太めで、せん断強度に優れています。

〔表〕 CN 釘の種類

色	名　称	長　さ	胴部径	頭部径	主な用途
緑	CN50	50.8mm	2.87mm	6.76mm	厚さ９～12mm 構造用合板打ち付け
黄	CN65	63.5mm	3.33mm	7.14mm	厚さ 15～18mm 構造用合板打ち付け
青	CN75	76.2mm	3.76mm	7.92mm	厚さ 24～28mm 構造用合板打ち付け
赤	CN90	88.9mm	4.11mm	8.74mm	厚さ 38mm 枠材平打ち

釘はコイル状に連結されていて、自動釘打機で打ち付けることができます。自動釘打機を使うときは、釘頭が材にめり込んでしまわないように空気圧を適切に調整することが必要です。強度が高く、色による判別が容易なため、木造軸組工法の建築物でも、鉄丸釘（N釘）の代わりに用いられることも多くなりました。また、メッキ処理した釘が規格に加えられ、建物の耐久性の向上につながっています。

〔図〕 CN釘の実寸図

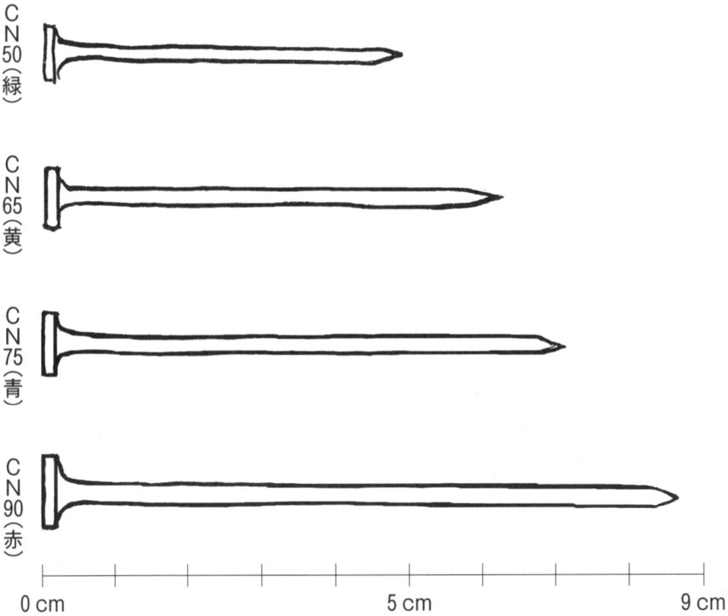

2 × 4 工法は、構造材や釘・金物のサイズ・使用方法・使用箇所から施工の手順まできめ細かく規定され、仕様書などでマニュアル化されています。耐力壁については、告示（平成13年国土交通省告示1541号）によって壁に使用する材料の種類によって、釘の種類、間隔が指定されています。2 × 4 工法では一般的な、壁倍率3.0倍の耐力壁を作る場合には、厚さ 9 mm 以上の構造用合板（特類）を使用し、緑色の CN50 釘を用いて、合板の外周部において 100mm 間隔、中間部において 200mm 間隔で枠材に打ち付けていなければなりません。

釘の種類が違ったり、打ち込み間隔が大きすぎたり、釘頭がめり込んでいると、構造耐力に影響がでてきますので、打ち直しが必要です。

Q19　3階建て木造住宅

A　昭和62年に建築基準法が改正され、準防火地域には3階建て木造住宅の建築が可能となりました。これを契機に大阪や東京などの都市部を中心に3階建て木造住宅が普及し、年間3万戸以上が建設されています。敷地が狭くても敷地一杯に3階建て木造住宅を建てることで床面積を確保し、住宅の建築総費用を抑えるというメリットがあるからです。

このような建物の多くは1階部分を駐車場として利用できるようになっています。このような3階建て木造住宅には注意すべき点が2つあります。

第1は構造上の安全性が確保されているかどうかです。このような3階建て木造住宅は、①敷地形状が細長いため建物の平面形状も細長い、②2階建てに比べて建物の立体的な形状も細長い、③1階を駐車場にした場合は駐車場部分には柱や壁がないので建物全体の柱や壁の配置のバランスが悪いなどの構造上の難点があります。2階建ての木造住宅が地震に耐える「耐力壁」の量やバランスによって構造安全性を確保するようになっているのに対し(施行令46条)、3階建て木造住宅は構造計算によって安全性を確かめることになっています（法20条2項)。したがって、構造計算をきちんとしているかどうか確かめる必要があります。図面上は1階の間口にある耐力壁を車の出入りをしやすくするために撤去して建てられた3階建て木造住宅は構造安全性を欠いている可能性があります。

第2は耐火性能が確保されているかどうかです。建物が準防火地域内にある場合、建物は法律で定められた耐火性能を有している必要があります。たとえば、屋根は不燃材で葺かなければなりませんし（法63条)、軒裏や外壁は防火構造でなければなりません（令136条の2)。隣地境界線からの水平距離が1メートル以下にある外壁面のサッシのガラスは網入ガラスでなければなりません（令136条の2)。詳しくは次頁のチェックシートを利用してください（引用＝平野憲治『3階建て住宅が危ない!!』7頁、民事法研究会刊)。

〔表〕 3階建て木造住宅の欠陥チェック表（準防火地域の耐火性能）

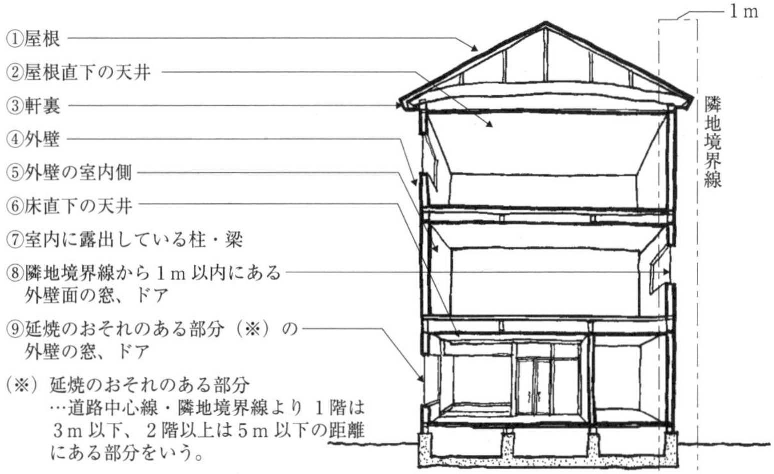

項　目	基準内容	チェック方法	チェックポイント
①屋根	不燃材料で葺く【法63条】 瓦、石綿セメント板など不燃性を有する材料	目視。	・瓦、石綿スレート板などで葺かれていない。
②屋根直下の天井	屋内側に防火被覆する【令136条の2】 石こうボード厚12mm+石こうボード厚9mmなど	天井付照明器具がついている場合、電気の配線が天井を貫通しているので照明器具を取り外す。	・石こうボードが二重貼りになっておらず、その厚さが21mm未満である。
③軒裏	防火構造【令136条の2】 鉄網モルタル壁または木ずりしっくい塗で厚20mm以上、または石こうボード厚12mm+亜鉛鉄板など	目視。	・軒裏に木材が見えている。
④外壁	防火構造【令136条の2】 鉄網モルタル壁厚20mm以上、または石こうボード12mm+亜鉛鉄板など	外壁が金属系サイディングの場合、ユニットバスの天井点検口から外壁内側を見る。	・金属サイディングの裏側に石こうボードやロックウール吸音板が貼られていない。 ・アルミ箔を貼ったものである。
⑤外壁の室内側	防火被覆をする【告示1905号】 石こうボード12mm以上、または石こうボード厚9mm+石こうボード厚9mmなど(ただし外壁の室内側で床下や天井裏にあたる部分を除く)	外壁の室内側壁面のコンセントやスイッチボックスを取り外す。	・石こうボードの厚さが12mm未満である。
⑥床直下の天井	防火被覆をする【告示1905号】 石こうボード12mm以上、または石こうボード厚9mm+石こうボード厚9mmなど	②に同じ	・石こうボードの厚さが12mm未満である。
⑦室内に露出している柱・梁	小径12cm以上とするか、防火被覆をする【告示1905号】	露出している柱(和室)・梁部材の寸法を測る。	・柱・梁部材の寸法が12cm×12cm未満である。
⑧隣地境界線から1m以内にある外壁面の窓、ドア	常時閉鎖式、煙・熱感知器・温度ヒューズ連動式防火戸またははめごろし防火戸（ただし、居室以外の室にある換気用の窓で、開口面積が0.2m²以内のものは除く）【令136条の2】	・サッシュ、ドアは乙種防火戸（fマーク表示）でない。 ・ガラスは網入ガラスでない。 ・引違窓、片引き窓やドアは開けて手を放すと自動的に閉まらない。 ・すべり出し窓、ジャロジー窓、その他スライディング窓は煙・熱感知器・温度ヒューズなどと連動して自動的に閉まる装置がついていない。	
⑨⑧以外の外壁面の窓、ドア	延焼のおそれのある部分（※）は防火戸【法64条】	延焼のおそれのある部分の確認および目視。	・サッシュ、ドアは乙種防火戸（fマーク表示）でない。 ・ガラスは網入ガラスでない。

Q20　増改築の留意点

A　古い建物を増改築するときは、古い部分と同じ工法で増改築を行うことが原則です。

在来軸組工法の建物を増改築する場合、２×４工法で増改築することはできません。２×４工法は特殊な工法なので、在来軸組工法と一体として増改築することは認められていません（第１章Ｑ２、２×４工法の特色参照）。

型式認定を受けているハウスメーカーの建物は、国土交通省が認定している独自の工法を採用しているので、同じハウスメーカーでしか対応できません。違う構造方法を組み合せて増改築をしたいときは、古い建物と新しい建物とを分離させることで可能になります。その場合は、基礎や壁は別にして増築し、電車の連結部のように、つなぎ目には「エキスパンションジョイント」という「橋」を架けるようにします。組み合わせることができない工法で無理に増改築すると、請負契約自体が「建築基準法違反の建物を目的にしたことで公序良俗違反」として無効になる可能性があります。

建築基準法は時代の要請に応じて改正が行われます。構造用金物の設置やシックハウス対策など、これまでの古い建物には求められていないものも、増改築一定の規模（建物の主要構造部の半分を超える場合）になると増改築を契機として、増改築部分だけではなく、建物全体で新しい基準に適合するように求められることになります。

〔図〕 2階増築部分の違反建築

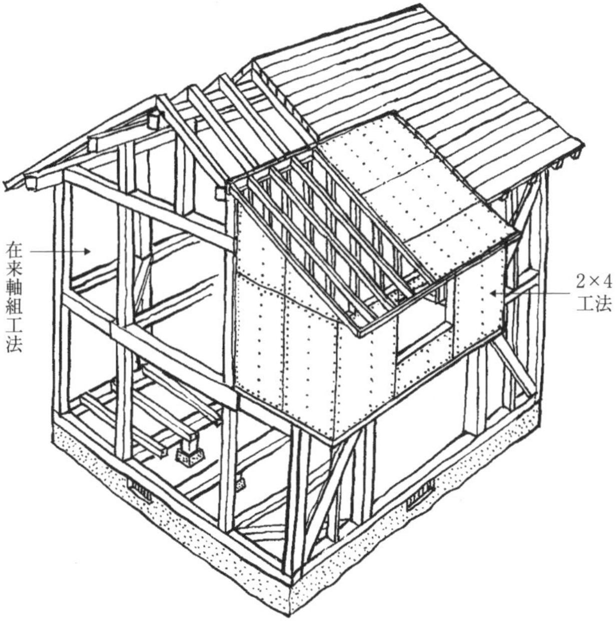

在来軸組工法と伝統軸組工法を組み合わせる増改築も、通常は構造安全性の解析ができないので簡単にはできません。コンクリート造と在来軸組工法の組み合わせ（混構造）は一体で構造安全性の解析を出すことができるので増改築は可能です。

Q21　既存不適格建物

A　建築時には建築基準法に適合していたが、建築後、建築基準法令の改正が行われたために建築物やその一部が、現在の建築基準法等の規定に適合しなくなった建物を「既《き》存《ぞん》不《ふ》適《てき》格《かく》建物」と言います。

法律の方が後から変わったのですから違法な建物ではありませんが、増改築や建て替え、大規模修繕をする場合には、原則として現行の建築基準法令に適合させる必要があります。

たとえば、古い家では礎石の上に柱を建てること（石場立て）が認められていて、コンクリートの基礎が使われていませんので、石場立ての古い建築物は既存不適格の典型例と言えます。建物自体は違法ではありませんが、増改築や建て替え、大規模修繕をする場合、コンクリート製の一体となった基礎に変えなくてはいけません。

2006年の建築基準法の改正のとき、「既存不適格」の建物の増築に関する条項が付け加えられました。それによると、増築したい面積が既存の面積の1/2を超える場合には、建物全体を現在の建築基準法に適用させなければなりません。増築したい面積が既存の面積の1/20～1/2の場合は、日本建築防災協会の耐震改修マニュアルに沿った耐震強化をしなければならないとされています。既存不適格のままで認められるのは、増築したい面積が既存の面積の1/20以下でかつ$50m^2$以下の場合に限られます。

この改正のために今では、増改築の際に耐震改修などの多額の費用もかかるために、古い家の増改築は難しくなりました。基礎や壁が独立した増築部分をつなぎ合わせるような工夫をしなければならなくなりました。

第6章

外壁・屋根の欠陥

Ｑ１　外壁の構造ーモルタル壁

A　モルタルは、セメントと砂を混ぜて水で練ったものです。

モルタルは施工しやすく、防火性があるので、外壁塗装やタイル貼りの下地、レンガやブロックの目地《めじ》を埋める接着材として用いられます。

その半面、乾燥による収縮亀裂が入りやすいという欠点があります。

モルタル壁は、下地の木の板（木摺《きずり》板）の上に防水紙を貼り、その上に金属製の金網（ラス金網）を張り、仕上げにモルタルを塗る構造です。

ラス金網は、モルタルが下地板に接着するのを助ける役割を果たします。ラス金物が錆びてしまえば、モルタルを下地に接着させることができないので、壁の落下につながります。

〔図〕　モルタル壁の構造

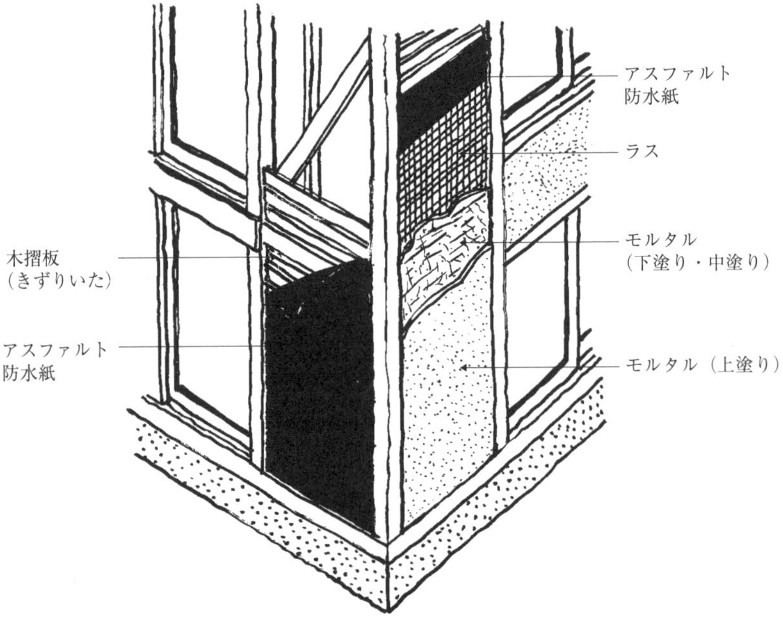

モルタルは乾燥収縮する過程で表面にひび割れが入ります。特にモルタルが薄いと、ひび割れ・亀裂が生じやすくなり、そこから雨水が浸入し雨漏りしやすくなります。

ひび割れはモルタルの宿命といえます。そこで、モルタル壁は、下塗り（粗塗り）・中塗り（むら直し）・上塗り（仕上げ塗り）の3段階で仕上げます。幾重にも塗ることでひび割れしにくくするとともに、下塗り段階で発生するひび割れは中塗り・上塗りでおおってしまいます。モルタル自体には防水性能はないので、防水性の塗料を塗って雨水の浸入を防ぎます。

〔図〕 誘発目地のひび割れ

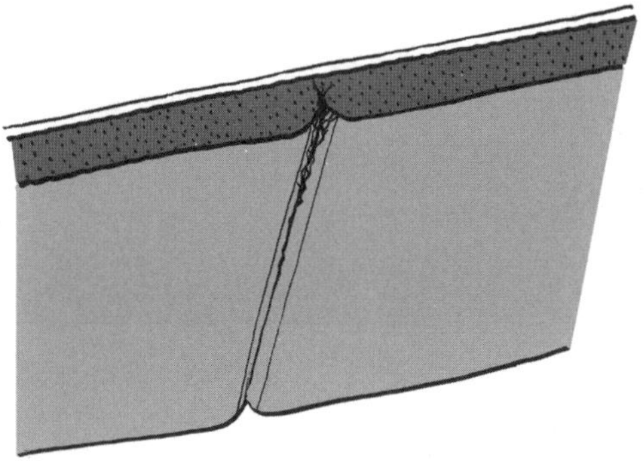

ひび割れ対策としては、もうひとつ、モルタルの壁にひび割れを誘発する目地（溝条のくぼみ）の設置する方法があります。外壁は面積が大きいのでどうしても収縮作用でひび割れが発生しやすくなりますから、3ｍごとに誘発目地を設置するのが適切です。

目地にひび割れが発生したまま放置すると、普通のひび割れと同じように、ひび割れた部分から雨水が染みこんでラス金網が錆びて劣化の原因になります。ひび割れ部分は防水シールなどで覆っておく必要があります。

Q2　外壁の構造ーサイディング張り

A　サイディングとは板状の壁材で、そのまま張り付ける形式の外壁材の総称です。

〔図〕 サイディング張りの方法

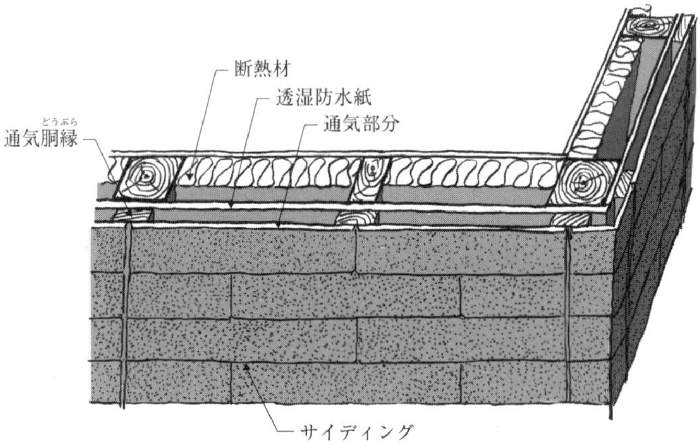

使用材料によって窯業系・金属系・ALC系などの種類があります。

窯業《ようぎょう》系サイディングは、セメント質と繊維質を主な原料にして、板状に形成した外壁材です。

金属系サイディングは、金属の板製で、アルミ製やカラー塗装鋼板製などの種類があります。

ALC（エーエルシー）系サイディングは、軽量気泡コンクリートのパネルのことです。ALC系サイディングはコンクリートに比べて軽く、断熱性や耐火性にも優れていますが、防水のために塗装を施す必要があります。

サイディング材そのものは工場で生産され、施工に手間がかからないため、工期が短縮でき、コストが安いなどの利点があり、多くの住宅で使用されています。

サイディング張りの目地にはシーリング（シールを貼って塞ぐこと）を行いますが、年数が経ってシール自体が劣化すると、収縮して隙間が生じたり、ひび割れたりして、そこから雨漏りしやすくなります。

ボード自体が施工不良によってきっちり差し込こまれていないと、同じように雨漏りが発生する原因になります。

〔図〕 シーリング目地の劣化

平成20年より日本工業規格（JIS）で、窯業系サイディング外壁材の厚さは最低 12mm から 14mm になりました。平成20年以降に建てられた建物の窯業系サイディング外壁材が 12mm 下であれば JIS 規格に適合していない材料を使用していることになります。これは建築基準法３条に違反します。

〔図〕 サイディングの割れ

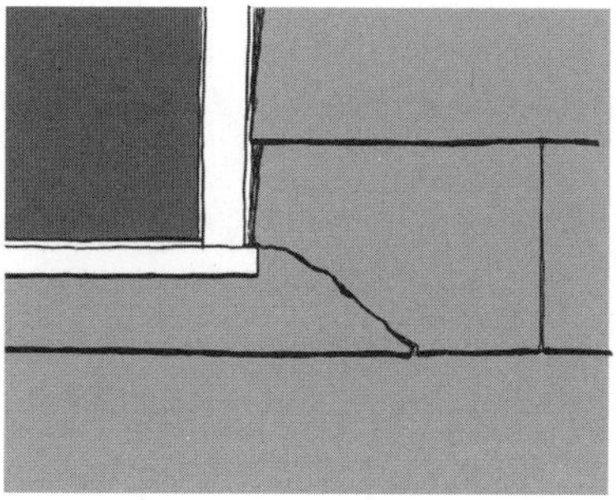

Q３　外壁の構造―漆喰壁

A 漆喰《しっくい》は、消石灰にフノリや角叉《かくまた》などの海草（接着剤の役割をします）、麻糸などの繊維を加えて水で練ったものです。

漆喰壁は、竹組み（竹小舞《たけこまい》）をして下地を作り、これに赤土を塗って壁をつくり、それを漆喰《しっくい》で仕上げたものです。

（漆喰壁の構造）

（小舞下地組）

（土塗り壁―荒塗り・中塗り）

（漆喰塗り—仕上）

地震や台風などの揺れに対しては、漆喰壁の中に入っている貫《ぬき》材（横板）がある程度抵抗する役割を果たします。

漆喰塗りは防火性が高く、遮音性・遮光性に優れ、調湿機能もあるため、日本の古い住宅の壁はほとんど漆喰壁でした。特に家屋や大切なものを保管する蔵の壁は漆喰壁で造られてきました。

最近では、アレルギーやシックハウスへの懸念から、クロスよりも自然素材である漆喰を使いたいという声も増えてきています。

短所は、土塗り乾燥時の収縮率が高く、ひびが入りやすいため、仕上げるまでに時間がかかるという点です。

Q４　雨漏りの対処方法

A　雨水は針の穴ほどの小さな箇所からでも浸入します。侵入した後は、物を伝って移動していくため、雨漏り箇所と雨水の侵入箇所が同じとは限りません。

対策としては、とにかく雨水が浸入している箇所を探し、その場所に応じて適切な止水対策を行う必要があります。業者によっては、現実に雨漏りがした場所に一番近い「疑わしい箇所」に防水シール材などを貼って、「様子をみましょう。また漏ったらその時には再度対処します。」という対応を取ることがあります。しかし、侵入箇所を突き止めないで「応急対処」をしても、それが間違っていれば、雨漏りはいずれ再発し、対処を先のばしすることになりかねません。

雨漏りが長い時間を続いていることもあります。その場合は壁の中など目に見えない部分が腐食しカビが生えている可能性もあります。壁の中や床下、天井裏などでカビが大量に発生するとアレルギーなどの健康被害を引きおこすこともあります。雨漏りに気づいたら壁の内側の点検も必要です。

Q 5　屋根の雨漏りの原因

A　屋根は、太陽光線や風雨などに晒される部分です。そのため台風や積雪、地震など自然現象の影響を受けやすく、屋根瓦など材料のずれやひび割れ・欠け・劣化など不具合が起きやすい場所です。ひび割れや欠け・劣化が起きるとその隙間から雨漏りが発生しやすくなります。

〔図〕　屋根の構造

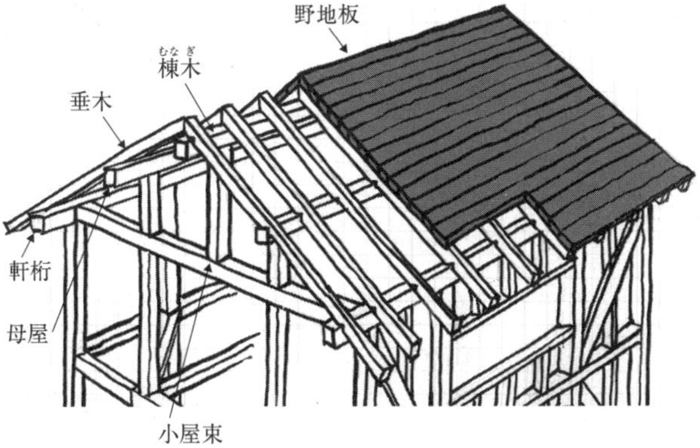

屋根は、一番上から見て、棟《むね》瓦、屋根瓦、瓦止め、防水シート、野地板《のじいた》の順に並んでいます。屋根の最上部にある棟瓦の積み方が不十分だと雨漏りの原因になります。屋根瓦は相互に重なっていますが、重ね合わせが不十分であると、その隙間が雨漏りの原因になります。

屋根瓦で完全に防水できるわけではありません。最終的には、下地として施工する防水シートが建物内部への侵入を食い止めています。しかし、施工ミスで防水シートの「重ねしろ」が不足したり、重ねる方向を間違えたり、誤ってシートを破損すると、そこが雨漏りの原因となります。瓦止めを打ち付ける釘の穴から雨漏りすることもあります。

屋根のどの部分から漏っているのか、天井裏に上がって雨漏り部分を特定しなければなりません。雨漏り場所が特定できたら瓦を外して雨漏りの原因を突き止める必要があります。たとえば棟《むね》付近から漏っているからと言って、原因を確定しないで棟瓦を漆喰で塗り固めても、原因対策ができていなければ、雨漏りは再発します。雨漏りは原因場所の特定が肝要です。

〔図〕 防水シートの施行不良例

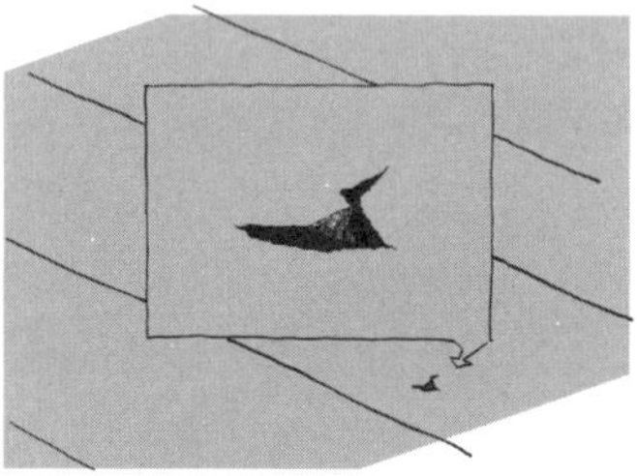

（防水シートのやぶれ）

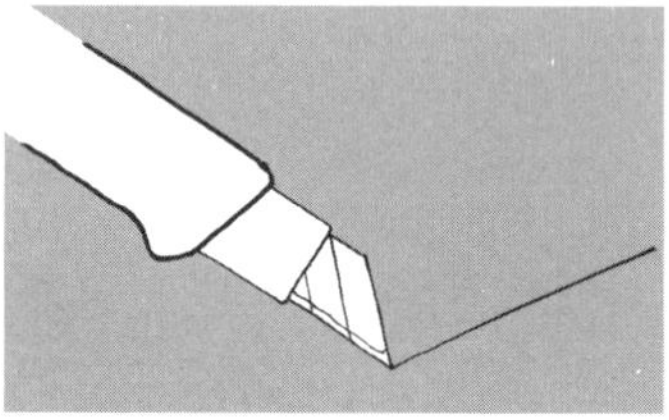

（防水シートの切断）

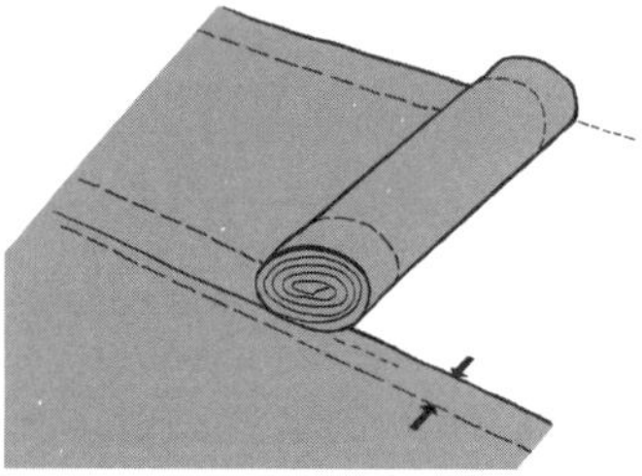

（重ねしろ不足）

Q６　金属板の屋根からの雨漏り

A　金属板の屋根は、金属を成形機器やプレスで加工して作るため、気密性に優れています。

しかし、年が経つとともに塗装の剝がれや錆・腐食が起こりますので、定期的な塗り直しが必要です。

金属板の重なり合った部分を「はぜ」といいます。この「はぜ」部分の密着が悪いと雨漏りの原因になります。「はぜ」の隙間に落ち葉や苔などが入り込むと、毛細管現象が起きて、表面張力によって雨が細い空間を伝わって建物の内部に入り込み、雨漏りが発生することがあります。「はぜ」部分の締め付けをきちんとしたり、「はぜ」部分の重ねを多くした「巻きはぜ」にしたりする工夫が必要です。

〔図〕 はぜ部分からの漏水

金属板の屋根は「瓦棒《かわらぼう》」と呼ばれる桟《さん》がついた形態が多く用いられます。「瓦棒」の被《かぶ》せ部分と金属板の接合部が「はめ込み式」になっていることがありますが、この「はめ込み」部分の隙間から雨漏りする場合もあります。

Q7　軒天《のきてん》や壁からの雨漏り

A　屋根の先部分を「軒《のき》」といい、軒《のき》の裏側を「軒天」といいます。

この軒天《のきてん》と壁の接合部分は種類の違う材料が直角に隣り合う部分なので、隙間が空きやすい場所です。隙間から雨水が浸入しないように「雨仕《あまじ》舞《ま》い」（雨が入りにくい構造にすること）がしてありますが、ここから雨漏りがすることがあります。特に強く風が吹き付ける側に起こりがちです。その場合、隙間をコーキングでふさぐ処置を行います。

〔図〕 軒天からの漏水

雨漏りは壁からも起こります。モルタルのひび割れ、コンクリートの打ち継ぎ部分、部材同士の継ぎ目、タイルの浮いた隙間などからも浸入します。

壁からの雨漏りは、防水紙などの下地の施工が大きく影響します。防水紙の種類は用途によって種類がいくつもあり、用途にあった防水紙を選ばなければなりません。外装や内装をしてしまえば見えなくなるので、手抜き工事が起こりやすい箇所です。

壁に設置されている窓サッシ回りも要注意です。防水紙は表面を伝う雨水が中に入りこむことがないように下から貼っていきますが、窓サッシ回りは防水紙が重なり合う難しい部分です。窓サッシ回りの貼り方が間違っていると窓サッシ回りから雨漏りが発生します。きちんと窓枠の上に重なっていなかったり、窓サッシと外壁材の接合部分に施されているシーリング材が切れていたりすると、雨漏りの原因になることがあります。

窓サッシ自体の突き合わせ部分の隙間や、ビス用の穴から雨漏りすることもあります。

外壁の雨漏りは侵入箇所を突き止めるのはなかなか困難です。

水掛け試験をして雨漏り箇所を特定するしかありません。１階で雨が漏っている場合でも、近くが侵入箇所だとは限りません。屋根で漏った雨が１階まで伝わってきている場合もあります。

（水掛け試験）

雨漏りが発生すると、壁の中に設置されている断熱材が水を吸って断熱材の機能を失うこともあります。また、断熱材が一度水を吸うと「濡れ雑巾」状態になって、これが原因で壁の内側にカビが発生してしまうことがあります。壁の雨漏りを発見したら、内装の仕上げ材を外して湿った断熱材を取り替え、壁の内側を乾燥させる必要があります。

◆弁護士から一言◆

外壁から雨漏りが発生している事例では、雨漏りが原因となって思いがけず致命的な構造的欠陥を引き起こすことがあります。雨漏りが長期間続き、柱の根元や土台を腐らせ、軸組の構造耐力まで奪われた事例もあります。東京地裁平成３年12月25日判決（判例時報434号90頁）は、ツーバーフォー住宅の事案ですが、補修方法の認定において、「既に構造材の変質・腐食が進行している」以上は、在来軸組工法のように曳き家の手法を採りえず、「一旦取り壊して作り直すしかない」と認定しています。

雨漏りが長引いて壁の中にカビが生え、入居者がアレルギーを発症する場合もあります。雨漏り被害の実態は注意深く分析する必要があります。

Q８　窓サッシからの雨漏り

A　窓は、窓枠と外壁材という２種類の違う材料が隣合っているので、雨漏りが発生しやすい場所です。

窓枠回りには、下から順に窓サッシ、防水紙、防水テープ、外壁材、外壁材と窓枠の隙間のコーキング材などがあります。防水紙の張り方が不十分であったり、防水テープが施されていなかったりすると雨漏りの原因になります。外壁材と窓枠の隙間のコーキング材の設置不良や劣化も雨漏りの原因になります。

窓サッシの角の突き合わせ部分の隙間からも雨漏りが発生する場合があります。窓サッシから漏っている場合でも、窓サッシ自体が侵入箇所であるとは限りません。窓の上の庇の付け根や軒天から雨が壁の中に入ってサッシの所で止まって室内に漏れ出ている場合もあります。雨の侵入を止めるためには侵入箇所を突き止めることが必要です。

〔図〕 サッシ回り隙間からの漏水

Ｑ９　バルコニーの雨漏り

A　バルコニーも雨漏りトラブルの多い場所です。

バルコニーは排水がスムーズにいくよう適切な勾配を設け、壁との接合部分には防水のために防水材の十分な立ち上がり部分を設ける必要があります。㈱日本住宅保証検査機構の『設計施工基準』の解説では、バルコニーの防水について、「バルコニーの床は、50分の１以上の排水勾配を設けることとする」、「防水材は、下地の変形及び目違いに対し安定したものであり、かつ、破断又は穴あきが生じにくいものとする。FRP 防水にあってはガラスマット補強材を２層以上とする」、「壁面との取り合い部分の防水層は、開口部の下端で 120mm 以上、それ以外の部分で 250mm 以上立上げ、その端部にシーリング材又は防水テープを施すこととする」と記載されています。

バルコニーが設置してある場所の階下で雨漏りが発生したときは、まずこの防水立ち上がり部分を疑う必要があります。防水立ち上がり部分の高さが足りないとか、防水の端部（一番高い部分）の押さえのシーリング材が割れているなどの欠陥が見つかることがよくあります。

室内の開放感を高めるため窓サッシ下の立ち上がり部分を少なくし、室内のフローリングとバルコニーをフラットに仕上げる家が流行っていますが、立ち上がり部分を少なくすると雨漏りの危険があります。

〔図〕　防水立ち上がり部分の漏水

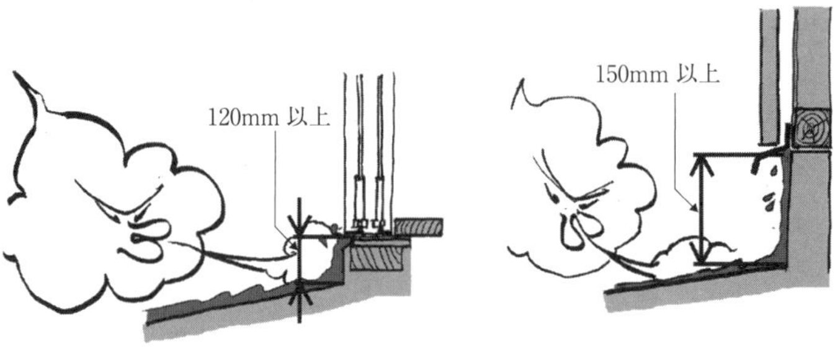

（開口部の立ち上がり部分）　　（外壁の立ち上がり部分）

Q10　バルコニーの排水ドレインからの雨漏り

A　排水ドレインとは、雨水を排水するために屋根やバルコニー床などに設けられる排水用の金物のことです。

（排水ドレイン）

ドレイン回りは、防水層と金物という材質の違うものが接するため雨漏りの可能性の高い箇所です。

接合部分の形状が複雑なため、施工が難しい部分です。排水ドレインと防水層を手順どおりに設置することが必要で、防水層の重ね合わせが足りなかったり、重ね合わせ部分に段差があったりすると雨漏りの原因になります。ドレインにはゴミや枯れ葉が詰まりやすく、そのために水ハケが悪くなりやすいので、ドレイン回りから雨漏りするようになると雨漏りの頻度は高くなります。

一度漏水が発生すると、表面のすき間を防水シールなどで塞いでもいずれ雨漏りが再発します。排水ドレインの再設置など、原因を除却する対策が必要です。雨漏りを放置すると、バルコニーを支えている木材が腐って落下の危険性があります。

Q11　断熱材の種類

A　断熱材は、冷暖房の効きをよくするために屋根や壁、床下などに用いられます。

一般的に住宅建物に使われる断熱材には、材質によって、ウレタンフォーム・フェノールフォーム・ポリスチレンフォームなどの発泡系、グラスウール・ロックウールなどの無機質繊維系、インシュレーションボード・セルローズファイバーなどの木質繊維系があります。

設計図や見積書には断熱材の種類と厚さ・重さなどが表示されているので、記載されている断熱材が使用されているかどうか、チェックする必要があります。

〔表〕　断熱材の種類

- 断熱材
  - 繊維系
    - 無機系
      - ・グラスウール
      - ・ロックウール
    - 木質繊維系
      - ・セルロースファイバー
      - ・インシュレーションボード
  - 天然素材系
    - ・羊毛
    - ・炭化コルク
  - 発泡プラスチック系
    - ・押し出し発泡ポリスチレン
    - ・ビーズ法ポリスチレン
    - ・ウレタンフォーム
    - ・高発泡ポリエチレン
    - ・フェノールフォーム

（グラスウール）

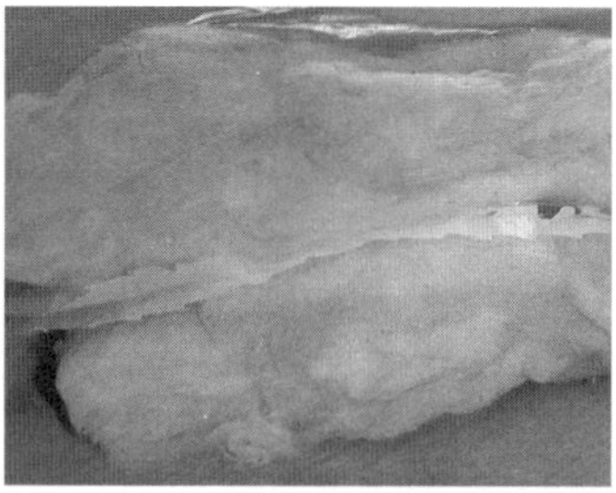

（セルロースファイバー）

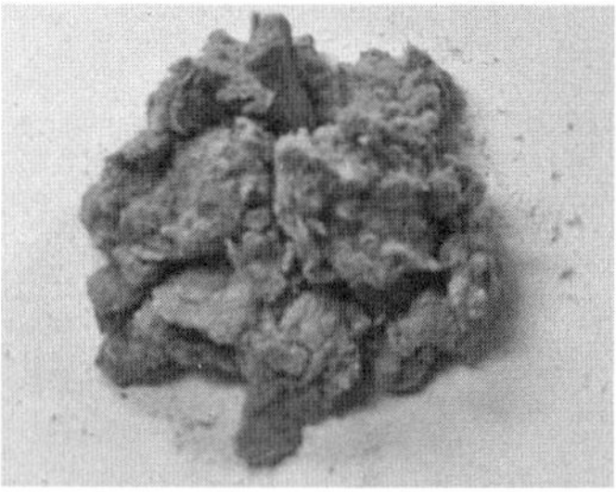

（押し出し発泡ポリスチレン）

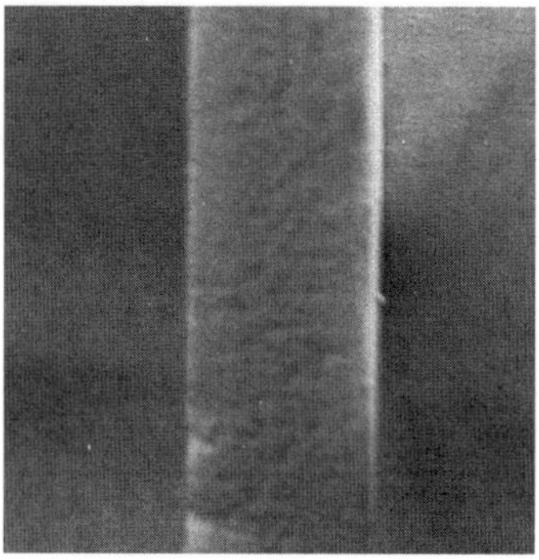

断熱材の形状は、マット状のもの、板状や袋状のもの、発泡させながら現場で吹き付けるものがあります。どのタイプでも隙間なく充填して建物をしっかり取り囲まないと、熱の逃げ道（熱橋）ができて、断熱効果が下がってしまいます。

（吹き付けの断熱材）

室内側からグラスウールやロックウールなどの袋状の断熱材を設置する場合（いわゆる充填断熱工法の場合）、断熱材を壁の中に押し込んで設置しますが、押し込みすぎは「施工不良」です。断熱材は壁内の室内側に設置し、壁内の空間で結露が生じないようにしなければなりません。財団法人住宅・健康省エネルギー機構の『結露防止ガイドブック』（建設省住宅局住宅生産課監修）や『住宅の新省エネルギー基準と指針』では、「充填断熱工法」の際、結露防止のために断熱材は壁の内側（室内側）に設置するように指示されています。

作業を急ぐあまり、断熱材を押し込みすぎている建築現場をよく見かけますが、押し込みすぎは結露被害につながります。

（グラスウールの施工不良）

（グラスウールを押し込みすぎている）

Q12　外断熱《そとだんねつ》工法

A　建物の断熱方法にもいろいろあります。近頃耳にする外断熱工法や内断熱工法という工法名は、本来、鉄筋コンクリート造の断熱方法です。木造や鉄骨造の場合は、外張断熱工法や充填断熱工法と言って区別しています。

充填断熱工法は構造体の内側に断熱材を施工し、外張断熱方向は、外側に断熱材を施工するという違いがあります。

木造の断熱工法である充填断熱工法と外張断熱工法の違いを説明しましょう。

充填断熱工法は、柱と柱の間に断熱材を入れる工法です。

〔図〕　充填断熱工法

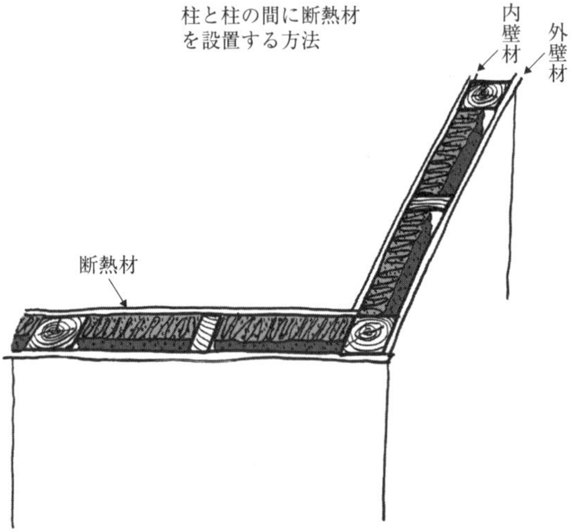

室内の温かい空気が冷たい壁に触れると壁の内部で結露を生じやすくなります。結露が生じて壁の内側の湿度が高くなると、カビが発生したり、木材が腐食したり、それを起因としてシロアリは発生するなどの拡大被害が生じ

ます。

　したがって、壁内結露を防止するためにいかに室内で発生した湿気が壁の内側に侵入するのをいかに防ぐかが重要になります。壁の内側に防湿気密シートを貼り、壁内の室内側にして湿気が壁内に侵入するのを防ぎますが防湿気密シートの施工ミスがあったり、断熱材に隙間があったりすると、結露被害がでることがあります。

　一方、外張断熱工法は、構造体の外側に断熱材を張り付ける工法です。

　躯体全体をすっぽり覆うので、構造体も室内と同様の環境にすることで、内部結露の発生を抑えることができます。木の部分が熱橋（熱を伝える部分）となる充填断熱工法よりは断熱性にも優れています。

〔図〕　外張り断熱工法

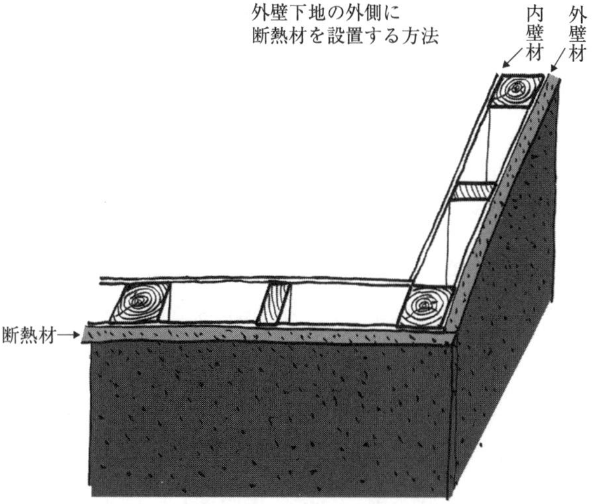

　デメリットとしては、外断熱用の断熱材の単価が高いため、充填断熱工法よりコストがかかること、外壁の厚みが厚くなること、家のデザインが平面的な感じになることなどがあります。

　どちらにしろ、一長一短があり、建物の用途や土地の気候、それぞれの工法を考慮したうえでの選択が望まれます。

Q13　耐火構造

A　都市計画法は、都市計画の中で市街地における火災の危険を防止するため、市街地を「防火地域」「準防火地域」「建築基準法22条指定区域」「建築基準法23条指定区域」などの地域・区域に区別しています。

建築基準法はこの区分に応じて、建物自体で、用途や規模に応じて「耐火建築物」、「準耐火建築物」にすることを要求しています。これは、柱や梁などの構造部分を「耐火構造」「準耐火構造」「防火構造」とするもので、それぞれ耐火性能（耐火時間）によって区別されています。

ここでいう耐火性能というのは２つの性能を指しています。ひとつは、火災によって建物の荷重を支える部分が崩壊せず形状をとどめることができる能力です。もうひとつは、出火場所の屋内から他の屋内への延焼、屋内から屋外への延焼、逆に屋外から屋内への延焼を防ぐために要求される性能のことです。

防火地域は、都市の中心部や商業地、官公庁などの重要な施設が集中している場所などに指定されています。

防火地域では、３階建て以上の建物か、延床面積が $100m^2$ を超える建物は耐火建築物にしなければなりません。したがって、防火地域で３階建て以上の建物を建てたい場合は、木造構造は使えません。「鉄筋コンクリート構造」、もしくは、鉄骨の表面を鉄網モルタルなどで覆って耐火性能を高める工夫をした「鉄骨構造」を採用しなければなりません。

準防火地域は、防火地域の周辺に広く指定されています。

準防火地域では、地階を除く３階建て以上の建物か、延床面積が $500m^2$ を超える建物は耐火建築物もしくは準耐火建築物にしなければなりません。

建築基準法22条・23条の指定区域は、防火地域・準防火地域以外の地域であっても都市計画区域内のほとんどすべての市街地や集落が指定されています。22条指定区域では、建物の屋根を不燃材で造るか、不燃材で葺く必要があります。23条指定区域では建物の外壁で延焼のおそれがある部分（1階は3m、2階は5m）は準耐火性能を有する構造にしなければなりません。

〔図〕 建築基準法23条指定区域の延焼のおそれのある部分

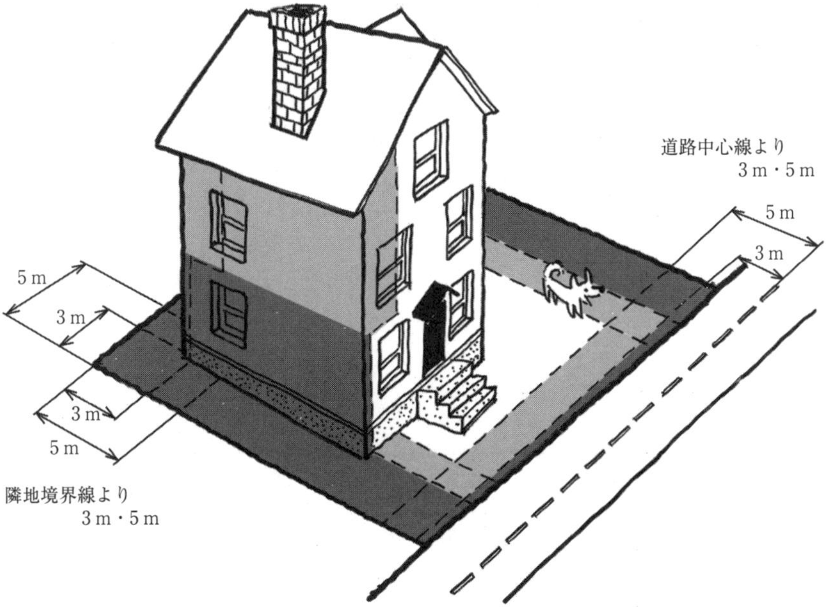

濃い部分………1階の外壁面の延焼のおそれのある部分
うすい部分……2階以上の外壁面の延焼のおそれのある部分

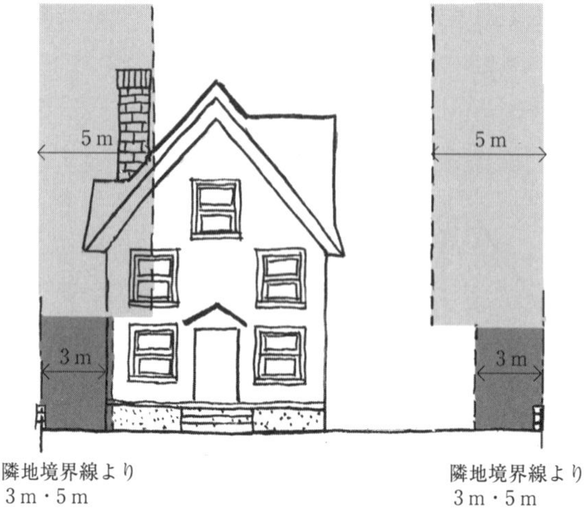

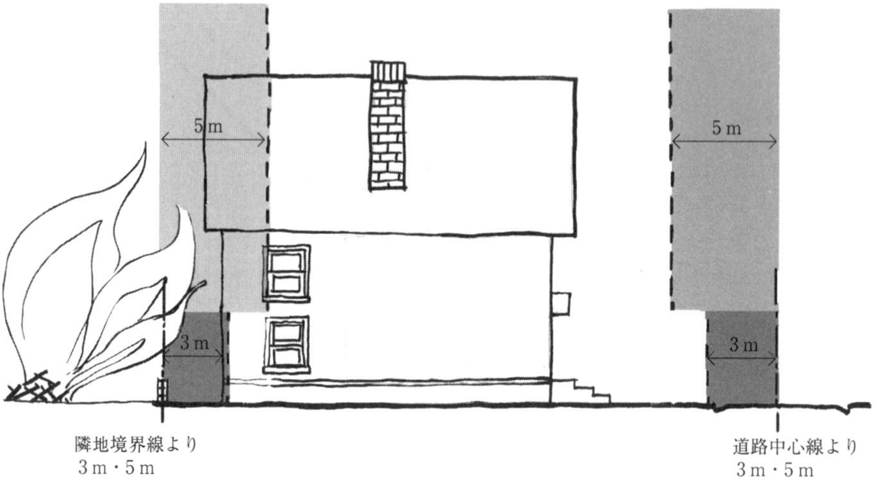

濃い部分………1階の外壁面の延焼のおそれのある部分
うすい部分……2階以上の外壁面の延焼のおそれのある部分

〔表〕　耐火構造の目的・性能

想定する火災	性能の目的	必要となる性能	建築物の部位	最上階および最上階から数えた階数が2以上で4以内	最上階および最上階から数えた階数が5以上で14以内	最上階および最上階から数えた階数が15以上
屋内において発生する火災	倒壊防止	構造耐力上支障のある損傷を生じないこと	壁（耐力壁）柱、床、梁、階段	1時間(階段:30分)	2時間(階段:30分)	2時間(梁:3時間)(階段:30分)
	延焼防止(内→内)	構造耐力上支障のある損傷を生じないこと	壁（耐力壁）柱、床、梁、階段	1時間(階段:30分)	2時間(階段:30分)	2時間(梁:3時間)(階段:30分)
		火災面以外の面の温度が、可燃物が延焼するおそれのある温度に上昇しないこと	壁、床	1時間	2時間	2時間
	延焼防止(内→外)	構造耐力上支障のある損傷を生じないこと	外壁（非耐力）	1時間	2時間	2時間
		屋外側に火災が噴出するキレツなどの損傷を生じないこと	外壁	1時間	2時間	2時間
			外壁（非耐力）で延焼のおそれのある部分・以外の部分	30分	30分	30分
周囲において発生する火災	倒壊防止	構造耐力上支障のある損傷を生じないこと	外壁（耐力壁）	1時間	2時間	2時間
	延焼防止(外→内)	構造耐力上支障のある損傷を生じないこと	外壁（耐力壁）	1時間	2時間	2時間
		火災面以外の面の温度が、可燃物が延焼するおそれのある温度に上昇しないこと	外壁、軒裏	1時間	2時間	2時間
			外壁（非耐力）および軒裏で延焼のおそれのある部分・以外の部分、屋根	30分	30分	30分

第7章

内装の欠陥

Q１　クロスのゆがみ・亀裂

A　クロスの仕上がりが悪い原因として、クロス張りの施工自体の問題と、下地処理の問題とが考えられます。多いのは、後者の方です。

多くの住宅では、クロスの下地として石膏ボードが使われています。石膏ボード同士のつなぎ目はパテ（部材の隙間などにつめるペースト状の材料）で修正します。しかし、石膏ボードに段差があるとクロスの表面にも段差ができてしまいます。これはパテで修正することができないため、下地の取り付けからやり直さなければなりません。

（下地のパテ埋め処理＝白い部分）

石膏ボードを固定するビスがきちんと止められていないと、ビスがクロス上に浮き上がることがあります。逆に、ビスがボードの表面下まで食い込んでいると、クロスとの間に隙間が生じます。この場合は、隙間にパテを埋めて補修します。

ボード下地が木材質の場合は、その乾燥収縮がクロスの状態に影響してきます。

クロス表面に生じたズレや亀裂、よじれなどは、地震や不同沈下による建物のゆがみ、雨漏り、結露など、クロス張りの施工不良以外の原因によることもあります。

（クロスの亀裂）

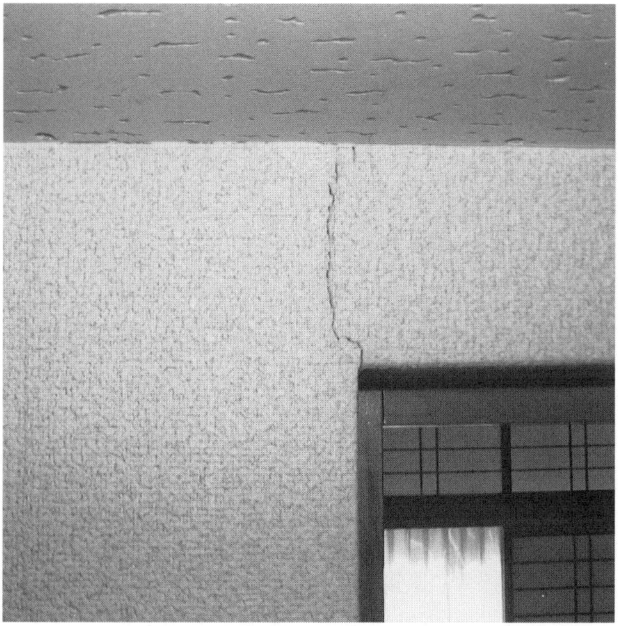

Q2　床のきしみ

A　室内を歩いた時に起きるフローリング材のきしみは、主に、床材と下地材との間にできた隙間や、床材の継ぎ目部分の不良などが原因です。

〔図〕 床の構造

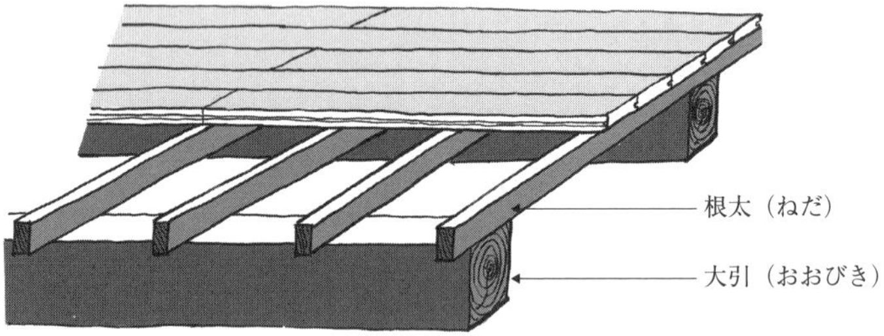

下地材と下地材の間に隙間があると人が歩いた時にフローリング材がたわみ、音が鳴ります。この隙間は、フローリング材の乾燥による収縮や、フローリング材と下地板との接着が緩むことで生じます。床材の乾燥収縮は、十分に乾燥してないフローリング材を使用した場合に起きがちです。経年変化のほか、床暖房の使用、急激な温度・湿度の変化なども要因となります。接着の緩みは、施工時の接着不良や、下地板のゆがみによって生じてくる現象です。

フローリング材が根《ね》太《だ》に直接のせられている場合は、根太の不揃いや乾燥による反りなどによっても床鳴りが生じます。

フローリング材は「実《さね》」という突起部分で結合しています。この「実」同士が密着し、こすれ合うことで音が鳴ります。木材は温度や湿度によって伸縮するため、フローリング材を張る際には１〜２mm 程度の間隔を開けま

〔図〕 フローリング材の接着工法

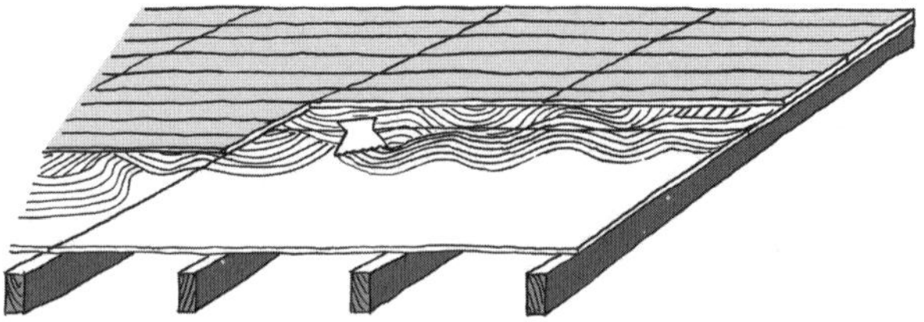

すが、この間隔が不十分だと、フローリング材が伸縮した際に「実」が密着しすぎて床鳴りにつながります。

〔図〕 フローリングの実《さね》

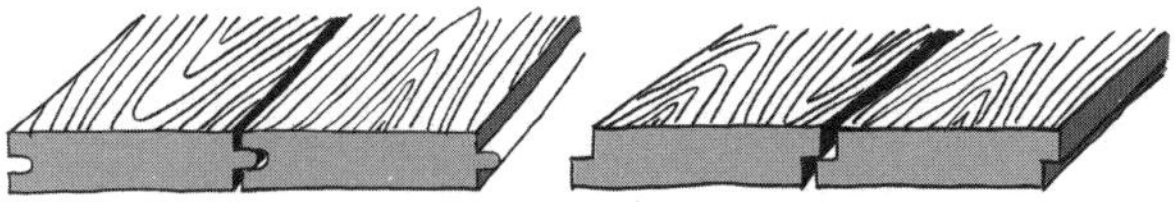

（本ざね）　　　　　（あいじゃくり）

1階の床がきしむ場合は、下地材を支える束や束石、その下の基礎や地盤が原因のこともあります。その他、フローリング材の強度が荷重に対応していないとか、根太の間隔が広すぎるなど、設計に問題がある場合には、はじめから床がたわみやすく、床のきしみの原因になります。なお、公庫共通仕様書によれば、根太の間隔は、畳床の場合が 45cm 内外、フローリング床の場合は 30cm 内外とされています。

床のきしみの補修は、隙間に樹脂を注入したり、フローリング材をはがして下地材の施工からやり直したり、原因によって方法はさまざまです。補修に要する日数と費用にも幅があります。

Q３　シックハウス症候群

A　建物内の建材や家具から空気中に放散した化学物質を体内に取り込むことによって、人はさまざまな体調不良を引き起こします。これを「シックハウス症候群」と言います。

シックハウス症候群の原因となる化学物質は多種類にわたります。主なものとして、ホルムアルデヒド、トルエン、キシレン、クロピリホス（防蟻剤）等が挙げられます。

合板、壁紙、接着剤、塗料等の建材にこれらの化学物質が含まれており、シックハウス症候群の原因となります。新築の時ばかりではなくリフォームをしたときにこうした建材が使われ、シックハウス症候群を引き起こす例もあります。家具や建具でも、これらの材料を使用しているものは化学物質を放散します。

原因となる建物を離れれば症状が改善するのが、シックハウス症候群の特徴です。しかし、シックハウス症候群が引き金となって、さらに多くの化学物質に反応する「化学物質過敏症」を発症するケースが多く見られます。化学物質過敏症とは、空気中の非常に微量な化学物質にも反応して体調不良を引き起こすもので、シックハウスを離れても症状が改善しないため、日常生活がきわめて困難になります。

シックハウス症候群・化学物質過敏症の主な症状には、免疫症状（皮膚炎、ぜんそく）、気道症状（のどの痛み）、自律神経症状（発汗異常）、神経症状（うつ状態、記憶力・集中力低下）、消化器症状（下痢、便秘）、感覚器症状（目や鼻の痛み）、循環器症状（動悸、不整脈）、婦人科系症状（生理不順、不正出血）、肝機能障害、頭痛、発熱などさまざまなものがあります。また、症状の現れ方にはかなりの個人差があります。

〔図〕　シックハウス症候群の諸症状

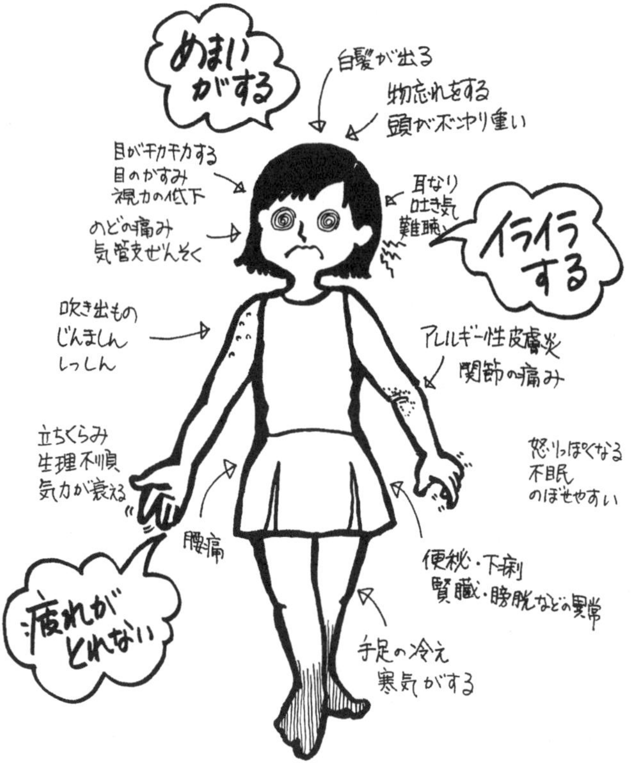

シックハウス症候群・化学物質過敏症の診断方法には、問診のほか、神経系の異常がわかる瞳孔反応・眼球運動検査、原因物質を特定するための負荷試験等があります。

症状改善のためには、生活環境の化学物質排除、化学物質排出を促す生活（食事療法・運動等）を心がけるしかなく、特効薬などの確立された治療方法はまだありません。

JAS 規格と JIS 規格は、ホルムアルデヒド放散量に応じた建材の等級を定めています。建材の各等級と建築基準法が定める使用面積制限との関係は、表１のようになります。

〔表1〕 ホルムアルデヒド放散基準

表示記号(等級)	建築基準法の内装仕上げ制限	ホルムアルデヒド放散速度(μ/m^{2}h)
F☆☆☆☆	制限なし	5　以下
F☆☆☆	使用面積制限	5～20　以下
F☆☆		20～120　以下
無等級	使用禁止	

厚生労働省は、建築基準法が現在規制対象としていないものも含め、表2の化学物質室内濃度指針値を定めています。

〔表2〕 厚生労働省ガイドライン

物質名	室内濃度指針値	主な用途
ホルムアルデヒド	100μg/m^2 (0.08ppm)	合板などの合成樹脂・接着剤、防腐剤
トルエン	260（0.07ppm)	接着剤や塗料などの溶剤
キシレン	870（0.20ppm)	接着剤や塗料などの溶剤
パラジクロロベンゼン	240（0.04ppm)	衣類の防虫剤、トイレの芳香剤
エチルベンゼン	3800（0.88ppm)	接着剤や塗料などの溶剤
スチレン	220（0.05ppm)	断熱材、畳心材
クロルピリホス	1（0.07ppb) 但し、小児の場合は 0.1（0.007ppb)	有機リン系殺虫剤（シロアリ駆除剤)
フタル酸ジ-n-ブチル	220（0.02ppm)	可塑剤（塗料、接着剤)
テトラデカン	330（0.04ppm)	灯油、塗料などの溶剤

フタル酸ジ-n-エチルヘキシル	120（7.6ppb）	可塑剤（壁紙、床材など）
ダイアジノン	0.29（0.02ppb）	有機リン系殺虫剤
アセトアルデヒド	48（0.03ppm）	合板などの合成樹脂・接着剤、防腐剤
フェノブカルブ	33（3.8ppb）	カーバメート系殺虫剤

※単位の換算は25℃の場合による。

◆弁護士から一言◆

東京地裁平成21年10月１日判決は、新築建物に起因するシックハウス症候群ないし化学物質過敏症について売主の不法行為責任を認めた全国初の判決です（民事法研究会刊・欠陥建築被害全国連絡協議会編：欠陥住宅判例第５集244頁以下）。原告がマンションの引渡しを受けた平成12年当時にはまだホルムアルデヒドの室内濃度に関する法規制はありませんでしたが、当時の一般的知見から、売主の安全配慮義務を認めました。事件を担当した建築士によれば、勝訴はしたものの、被告の販売会社が民事再生会社となったため被害者はわずかの分配金しか得られず、今も重いシックハウス症候群に苦しめられているといいます。シックハウスに対する国や業界の素早い対応がなされなかったことが大変悔やまれます。

Q4　室内化学物質の調査

A　化学物質の有無や発生源を知るためには、室内化学物質の測定が有効な手段です。

測定方法は何種類もあります。捕集管に吸引ポンプを用いて空気を吸引するアクティブ法（標準的測定方法）、チューブに吸着剤を詰め、室内に丸一日吊り下げておき、化学物質を吸着するパッシブ法、ホルムアルデヒドなどと化学反応を引き起こす物質を入れた検知管や検知紙などに室内空気を吸引して反応を確認する簡易測定機器による簡易法などです。

パッシブ法や簡易法は比較的安価で測定結果も早くわかるので、まずこれらの検査を行い、その結果シックハウスの可能性が疑われる場合には、標準測定法を実施するとよいでしょう。

各地の保健所や民間の専門機関が測定検査を実施しています。

建物にどのような建材が使われているかを知ることでシックハウスの原因が特定できることもあります。通常、仕上げ表、仕様書などの設計図書を見れば使用された建材がわかります。仕上げ表や仕様書、設計図書が不備な場合には、仕上げ材を剥がさなければ実態を確認できないこともあります。

なお、製品を出荷する事業者は、相手方に化学物質安全データシート（MSDS）を交付することが義務づけられています（特定化学物質管理法14条）。MSDSとは、製品に含まれる化学物質の成分や性質、取扱方法などの情報が記載されているもので、建材に含まれる化学物質を調べるための有効な資料です。

Q５　シックハウスの解消方法

A　シックハウス解消法として、「ベイクアウト」という方法が知られています。

これは、石油ストーブなどの加熱装置を使って一定の期間室内温度を上げ、建材の化学物質放散を促すもので、建材表面の化学物質除去にはある程度有効な方法です。

しかし、ベイクアウトでは建材内部の化学物質は除去できません。建材に使われているホルムアルデヒドが、それ単体ではなく化合物の一部として存在している場合、長期間にわたってホルムアルデヒドの放散が続くため、根本的な改善が困難です。

シックハウスの根本的な改善には、原因建材の除去・取替工事、原因家具の撤去などが確実な方法です。仕上げ材だけでなく、下地材や構造材が原因のときには大修繕が必要となります。

室内空気中の化学物質濃度がそれほど高くない場合には、換気の励行、化学物質除去機能付きの空気清浄機の使用などによって、空気をきれいな状態に保つように努めることも有効です。

Q６　建築基準法のシックハウス対策

平成15年７月からホルムアルデヒドを含む建材の使用が制限されています。建築基準法28条の２によれば、建物の居室の壁や床、天井などの内装にはホルムアルデヒドの放散量が多い建材（F☆）の使用が禁止され、放散量が比較的多い建材（F☆☆）とやや少ない建材（F☆☆☆）は使用面積が制限されています。放散量が少ない建材（F☆☆☆☆）には使用制限はありません(令20条の７)。ホルムアルデヒド放散量に応じた建材の等級と、建築基準法が定める使用面積制限との関係は次頁の表のようになります。天井裏も、下地材をホルムアルデヒドの放散量が少ない建材にするか、換気設備を設置することが必要になりました（平成15年国土交通省告示274号)。

規制されている建材とは、合板、木質フローリング材、構造用パネル、集成材、単板積層材、パーティクルボード、壁紙、保温剤、断熱材、塗料、仕上げ材、接着材など、広範なものです。これらのすべてにホルムアルデヒドの放散量についての等級が明示されるようになりました。

このほか、ホルムアルデヒドを含んだ建材を使用しない場合でも、家具などからの放散を考慮してすべての建築物の居室に換気設備の設置が義務づけられました（令20条の８)。

殺虫剤に使われていたクロルピリホスを発散する建材も使用禁止です（令20条の６)。

〔表〕 建材の等級と建築基準法の使用制限との関係

<table>
<tr><th>表示記号(等級)</th><th>建築基準法の
内装仕上げ制限</th><th>ホルムアルデヒド
放散速度(μ/m^2h)</th></tr>
<tr><td>F☆☆☆☆</td><td>制限なし</td><td>5　以下</td></tr>
<tr><td>F☆☆☆</td><td rowspan="2">使用面積制限</td><td>5～ 20　以下</td></tr>
<tr><td>F☆☆</td><td>20～120　以下</td></tr>
<tr><td>無等級</td><td>使用禁止</td><td></td></tr>
</table>

Q７　音の伝わり方

A　深夜に車の走行音で目が覚める、隣室のテレビの音が気になる、2階の足音がうるさいなど、人が不快に感じる音（騒音）は、快適な生活の妨げになります。

居住空間で人が不快に感じる音は、「空気伝搬音」と「固体伝搬音」の2つがあります。

「空気伝搬音」とは、空気中を伝わって聞こえてくる音です。窓から聞こえる車の走行音、となりの部屋の人の話し声などが空気伝搬音です。

「固体伝搬音」は、壁や床などの固体中を伝わって聞こえてくる音です。上の階を歩く足音や物の落下音、電気掃除機の音が聞こえるのは個体伝搬音です。

「空気伝搬音」と「固体伝搬音」、いずれであるかによって、騒音対策が異なります。

〔図〕 音の伝わり方

Q 8　遮音性能の検査方法

A　壁や開口部などから伝わってくる「空気伝搬音」を遮音する建材の性能はD値と呼ばれています。D値はD45が標準的なレベルで、数値が大きいほど遮音性能が高いことを示します。

建物の床や壁などを伝わってくる「固体伝搬音」を遮音する建材の性能はL値と呼ばれています。この「固体伝搬音」には、子供の飛びはねたり走り回りした時のように重くて軟らかいものから発生した「重量衝撃音」と、イスの移動のように軽くて硬いものから発生した「軽量衝撃音」とがあります。前者は「LH」、後者は「LL」と表記されます。L値はL55が標準的なレベルで、数値が小さいほど遮音性能が高いことを示します。

最近の分譲マンションのパンフレットなどでは、L45と表示するものが多くなりました。遮音性能が次第によくなり、「静かであること」が商品価値のひとつになっています。

〔表〕 遮音性能

JIS　A1419－1等級曲線

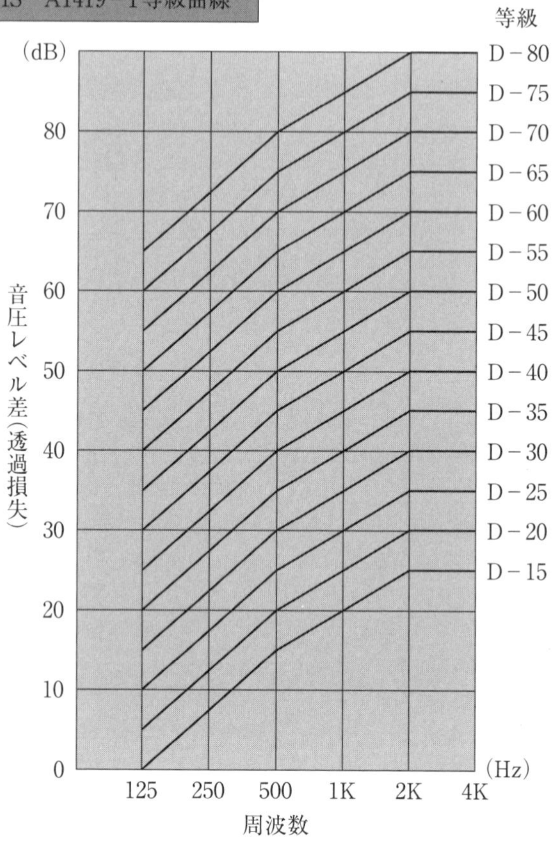

※Ｄ値は、等級の数値が大きいほど遮音性能が優れている。

〔表〕 衝撃音性能

JIS　A1419－2等級曲線

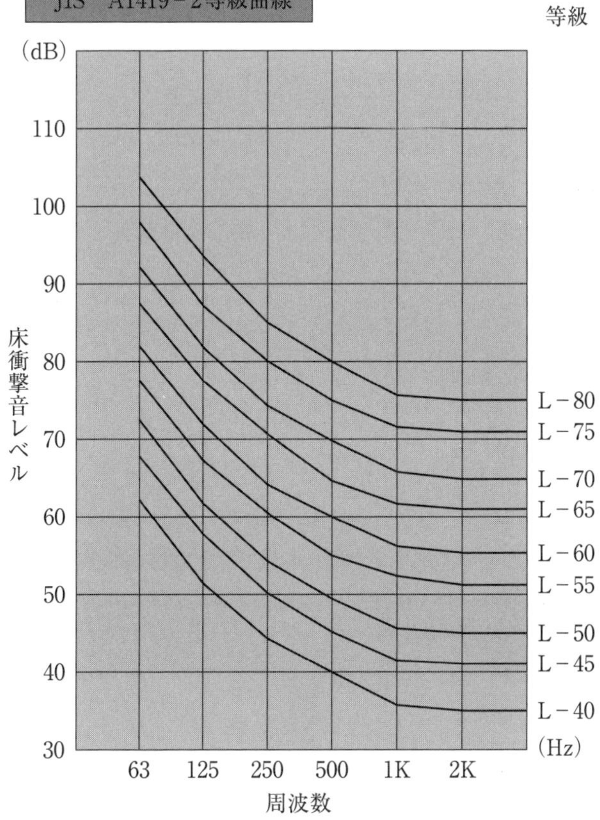

※L値は、等級の数値が少ないほど遮音性能が優れている。

日本建築学会は、「建築物の遮音性能基準と設計指針」を示し、建築物ごとの遮音性能適用等級を定めています。等級表の２級が標準的なレベルで、１級以上は標準以上、３級以下は標準以下であると理解されています。

遮音性能は、音の種類ごとに測定方法が異なります。

空気伝搬音の場合、音声スピーカーや外部の交通・鉄道騒音などを利用して建物内外の音圧差を調べます。

固体伝播音の場合、日本建築学会は、一定の規格による床衝撃音発生器を使用する測定方法を推奨しています。軽量床衝撃音を測定する機械をタッピングマシンといいます。機械の打撃振動で軽量衝撃音を作り出し、階下でその音圧を測ります。重量床衝撃音は、軽自動車のタイヤを85cmの高さから自由落下させるバングマシンを用いて、階下で音圧を測定します。

これらの測定結果をもとに、居室の遮音性能等級を判定します。

〔図〕 建物内の上下２室間における床衝撃音遮断性能測定

Q 9　上層階の音の遮音対策

A　重量床衝撃音と軽量床衝撃音は、音の性質が違うため、遮音方法も異なります。

子供が飛び跳ねたり走り回ったりするときの音は重くて軟らかい重量床衝撃音です。これを抑える方法としては、床の構造を頑丈にすることや、床の重量を大きくすることなどがあげられます。木造住宅であれば、根太の間隔を狭くしたり、根太を二重に組むなどで床の構造を頑丈にする方法があります。フローリング材を重いものに換えることで床の重量を大きくすることもできます。マンションであれば、床スラブ自体を厚くしたり、床スラブの上に重量物を置くなどの方法がありますが、床荷重の増大は構造耐力に影響しますので、対策は建築家と必ず相談をしなければなりません。

椅子の足が当たるコツコツという音は軽くて硬い軽量床衝撃音です。これを抑えるには、床の仕上げをカーペットにする、床材と下地の間に柔らかい材を入れるなどの方法があります。

〔図〕　遮音床の施工例

外や隣室からの騒音を防ぐためには、壁に遮音性能の高い建材を使用したり、壁を厚くしたりします。楽器を置く部屋やオーディオルームなど、音の発生源となる部屋の壁に吸音性能のある建材（音楽室などで使われているもの）を使用することで、一層遮音効果を高めることができます（なお、建築基準法は、共同住宅の各戸の境の壁の遮音について性能を定めており（法22条の３）、一般の住宅の遮音性能については定めていません）。

壁や窓だけでなく、隙間からの音の侵入にも注意が必要です。たとえば、ガラスルーバー窓のルーバー間の隙間なども音が侵入することがあります。建物自体の気密性を高めることは、外部からの遮音効果アップにつながります。

見落としがちなのが換気扇です。台所や浴室、トイレの換気扇からも音は侵入します。防音性能のあるものを選んだり、フードを設けると遮音性能は良くなります。

Q10　結《けつ》　露《ろ》

A　結露とは、湿った空気がより冷たい物質に触れて冷え、空気中の水蒸気が水滴になって物体に付着する現象をいいます。身近な例としては、室内外の温度差が大きい冬季に、窓ガラスに水滴が付着しているのを挙げることができます。

これは「表面結露」といわれるものです。

（表面結露）

表面結露は、窓を二重ガラスにするとか、除湿器で室内の湿度自体を下げるなどの方法で軽減することができます。

一方、壁の内側など普段目につきにくい場所で起きるものを「内部結露」といいます。

結露の量が少なければ自然に乾きますが、内部結露は気づきにくいだけに対処が遅れがちになり、許容量を超えた場合には大きな問題となることがあります。

〔図〕 内部結露

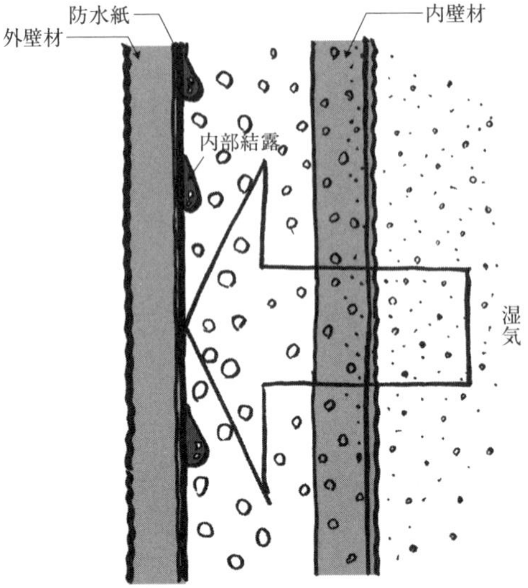

内部結露は、多くの場合、室内の湿気が壁内部に浸入し、木材や断熱材などの表面に付着します。

この現象は、壁の室内側に防湿層を設けることで防げます。たとえば、柱などの部材間の隙間に断熱材を詰め込む「充填断熱工法」では、湿気の侵入を防ぐため、壁の室内側に気密シートを貼ります。

また、壁に侵入した湿気が外に放出されるように、外壁側に空気層を設けること「通気工法」も有効な対処法です。

断熱材の施工が雑で、断熱材と断熱材の間に隙間があったり、断熱材と木材との間に隙間がある場合には、この隙間で結露が生じることがあります。

新しい防湿・断熱材が次々に開発されていますが、適切な施工がなされていないばかりに結露が生じるケースは後を絶ちません。

内部結露が起こると木材が腐り、室内でカビやダニが発生するおそれがあります。壁内部で発生した結露が下へ落ちて家の土台などを濡らすと、木材が腐食するだけでなく、湿った木材を好むシロアリ類が発生しやすくなるなど、建物の寿命を縮めることになりかねません。

内部結露には、早めの発見と速やかな対処が重要です

結露の発生を完全に抑えることはできません。マンションなど特に気密性が高い建物では、灯油ストーブを使うとか、ストーブに水の入ったやかんを置き放しにするとか、室内の湿度を上げるようなことは控えた方がよいでしょう。

〔図〕 外壁通気シートの機能

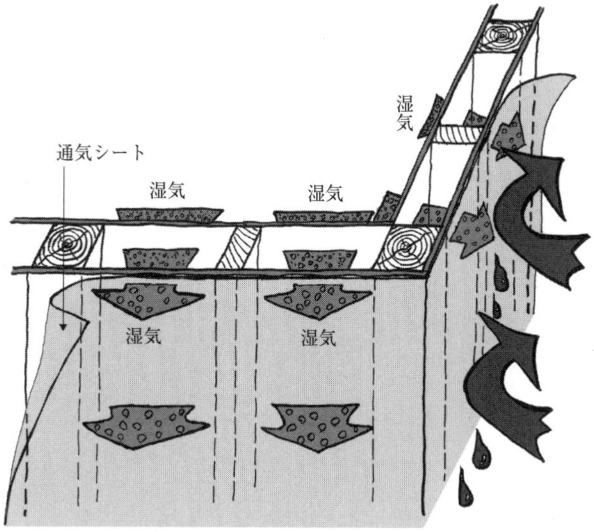

第8章

設備の欠陥

Q１　空調計画

A　心地よい住まいを実現するためには、快適な室温を保つ空調計画は欠かせません。空調計画の最初は空気調整のタイプを選ぶことです。

空調のタイプには、大まかに分けると、「セントラル冷暖房タイプ」と「個別冷暖房タイプ」の２つがあります。「セントラル冷暖房タイプ」は、基本的に１台の室外機と室内機で空調をコントロールし、ダクトで建物の全室に送るタイプです。種類としては水を使用するもの、空気を使用するもの、水と空気を使うものなどがあります。長所は、家のどの場所でも一定の温度に維持できることです。風呂場と脱衣室にあまり温度差があると「ヒートショック」を感じますが、セントラル冷暖房の場合にはそれがありません。気密性の高い建物の方がその利点を十分に発揮します。意匠面でも、室内・外壁ともにすっきりしている利点があります。短所は、初期費用が高くなることです。また、壁の中や天井裏に配管用ダクトスペースが必要になります。乾燥しすぎる傾向にあるので、特に冬は加湿器を補助的に利用します。

「個別冷暖房タイプ」は、もっとも一般的なタイプで、部屋ごとに室外機と室内機を設置していくものです。部屋ごとの構造（特に広さ）や利用方法（特に人数）に応じて空調設備を選ぶことができます。

〔図〕 セントラル冷暖房タイプ

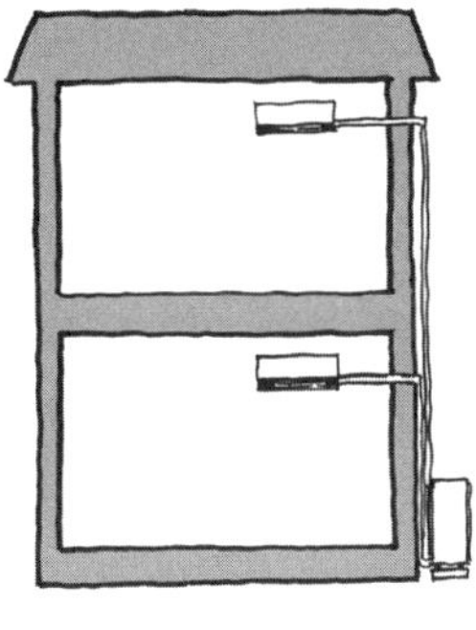

〔図〕 個別冷暖房タイプ

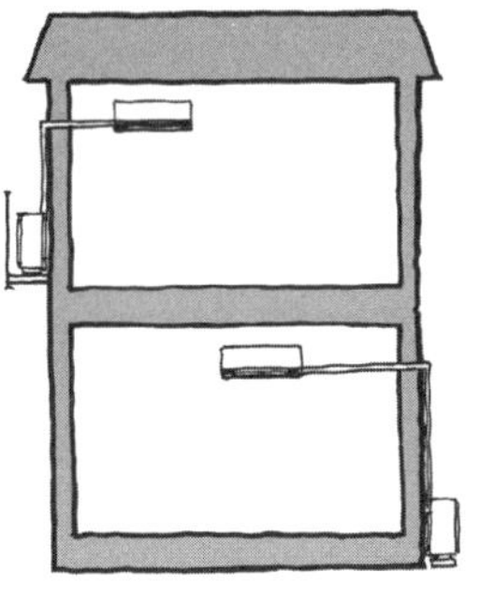

Q 2　空調計画の種類

A　建物の高気密化が進むにつれ、煙草の煙や殺虫剤、建材・家具に含まれる化学物質で汚れた空気を排気し、新鮮な空気を取り入れる計画的な換気が必要になってきました。

化学物質については、シックハウス症候群と呼ばれる健康被害の発生例が報告され、仕上げ材に使用する合板については規制が導入されましたが、建材の規制だけでなく「換気」にも求められています。

建築基準法が改正されて、平成15年 7 月 1 日以降に着工した建物は、その気密性に関係なく24時間換気が義務づけられました。24時間換気とは、文字どおり 1 日中換気を行うことです。その方法としては、自然換気と機械換気がありますが、環境問題を考慮した省エネ化や快適な室温を求める傾向から、近年は機械換気が多くなりました。

機械換気には 3 種類あります。

第 1 種換気は、給気・排気ともに機械で強制的に行う方法です。

第 2 種換気は、機械で給気し、排気は自然排気で行う方法です。

第 3 種換気は、自然給気を行い、機械で排気する方法です。

〔図〕 第 3 種換気システム

第1種換気には、1カ所から外気を取り入れて、ダクトで各部屋に供給する方法と、各部屋に換気扇を設置してそれぞれから給気する方法があります。前者の方法では冷暖房機器も組み合わせ、全館冷暖房を行う方法もあります。第2種換気の代表例はクリーンルームですが、住宅ではあまり使われません。住宅で多いのは第3種換気です。悪臭を外に出す必要があるトイレ、湿気を外に出す必要がある浴室などはいずれも第3種換気です。

3種類の換気方法は、下記の表のように費用や機能に違いがあるので、建物の目的に合ったタイプを選ぶ必要があります。

〔表〕 換気設備の種類別比較

	第1種換気	第2種換気	第3種換気
設備費用が安い	△	○	○
メンテナンス費用が安い	△	○	○
トイレ等の局所換気を兼ねることができる	○	×	○
新鮮な空気を確実に供給できる	○	○	△
ファンの能力の決め方により室内の空気の流れを抑制できる	○	△	△
室内が減圧されるため壁内への湿気の侵入を抑制できる	△	×	○
室内が加圧されるため天井裏等からの空気の侵入を抑制できる	△	○	×
熱交換機を用いることが可能	○	×	×

Q３　給水・排水のトラブル

A　給排水管のトラブルでもっとも多いのが、接合部からの漏水です。洗濯機の排水管が接合部でしっかり接続されておらず、排水したら漏水して床下が水浸しになったという事例がよくあります。給排水管は床下や壁内に設置されているので、発見されにくく、小さな欠陥でも大きな被害に発展することがあります。水漏れが原因で壁の内部にカビや腐朽菌が発生して、健康被害を引き起したり、建物の構造を脆弱化させてしまうこともあるので、注意が必要です。

工事中のモルタルの小片や廃材の破片が排水管に詰まって、汚水が溢れることもあります。給水管に誤って釘を打ちこんでそのままに放置したため、後から水が溢れたという事例もよく聞きます。

排水管からの臭いや音の問題もあります。キッチン・風呂・洗面・トイレの衛生設備機器には、排水管から臭気が逆流しないように、必ず「トラップ」がついています。トラップにたまる水（封水《ふうすい》）で臭気を閉じ込めておく構造になっています。

〔図〕トラップの種類

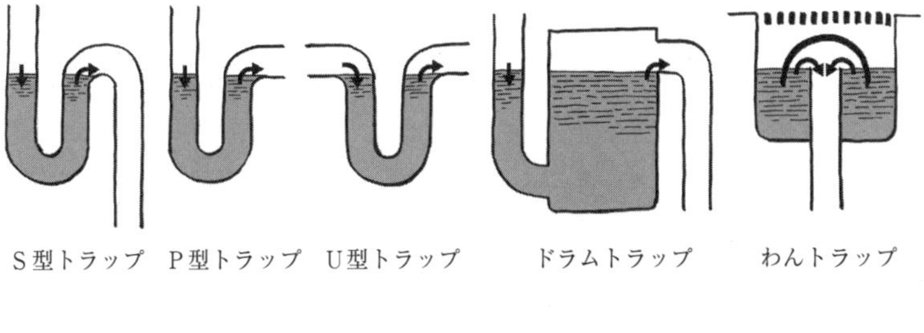

しかし、実際の建物では複数の器具から共通の排水管に接続されているため、ある所の排水を流すと、上流側の配管内空気が引っ張られ、トラップの所で空気を引き込みゴボゴボいう音が発生します。ひどい場合は、トラップ

の水ごと抜けてしまい臭気が出てくることがあります。逆に、下流側ではトラップの水が押し出されて溢れてしまうことがあります。これらを防ぐため、一般のビルやマンションでは、排水管には外部の空気に通じる通気管を設けて、配管内で圧力変動が起こらないようにしてあります。住宅の場合は配管距離も短く、すぐに屋外配管に開放されるので、この通気管を設けない場合がありますので、そのことが原因で、トラップからの音や臭いのトラブルが発生することがあります。

〔図〕　通気管

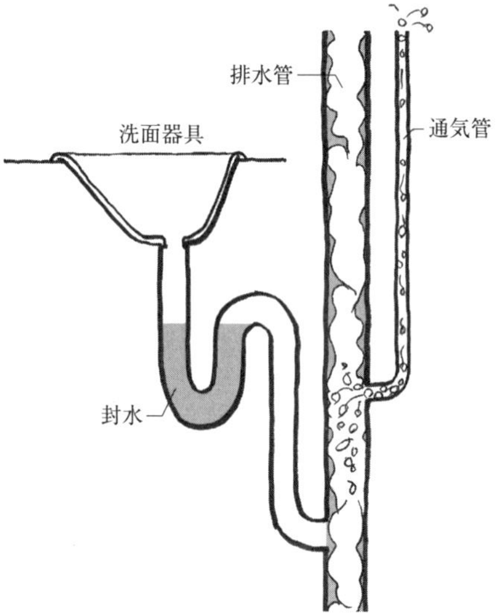

配管の勾配が不足して、排水不良になることもあります。排水管を横に配管する際は、勾配が悪いと詰まりますので、管の太さに応じた適切な勾配をとります。管の大きさが 65mm 以下の排水管の勾配は 1/50 以上、75〜100 mm の場合は 1/100 以上、125mm の場合は 1/150 以上、150mm 以上の場合は 1/200 以上にするのが一般的です。

地中に埋設する給排水管は、地上からの衝撃を受けないよう埋設の深さが地方自治体の下水道条例によって定められています（福岡市の場合、宅内25mm、室内60mm）。

排水音が気になる場合もあります。排水竪管は最上階から最下階までつながっていますので、壁の内側の排水管を流れる音も気になります。このため、マンションなどではグラスウールを巻き込むなどの遮音対策を施すのが一般的です。

Q４　エアコンの設置方法

A　各部屋ごとに空調設備を設置していく「個別冷暖房タイプ」の空調機は、室外機と室内機のセットです。よく使用されるタイプは、壁掛け式のエアコンです。そのほかには天井や壁に埋め込むビルドイン型や、床に置くタイプのものもあります。

長所は、必要な台数を必要な個所にだけ取り付けることができ、比較的初期費用が少なくてすむ点です。間取りや生活スタイルにもよりますが、使いたい時に使いたい部屋だけ使用することで、電気代もある程度抑えることができます。しかし、リビングに階段や吹抜けがあれば、その空間から空気が移動するので、設計計画段階できちんとその点も考慮する必要があります。

短所は、台数分の室外機置場を家の周りに置かなければならない点でしょう。外観の雰囲気づくりで、室外機の配置が気になる場合もあるかもしれません。その場合は１台の室外機で複数の部屋を空調するマルチタイプを選びます。

壁掛け式の設置位置を考えるときは、部屋の形状や風の吹き出す方向を考慮する必要があります。

長方形の部屋の場合は、短辺の壁の端に設置した方が空気が効率よく循環します。暑さも寒さも窓から入ってきますので、窓の方へ向けて風が出るようにした方が効率がよくなります。

寝室やリビングのソファーなど、長時間人がいる位置に風が当たり続けるのはよくありません。直接、エアコンの風が当たらないように工夫します。正方形に近い形の部屋の場合は、中央に設置して、左右にスイングするといいでしょう。

〔図〕 エアコンの誤った設置方法

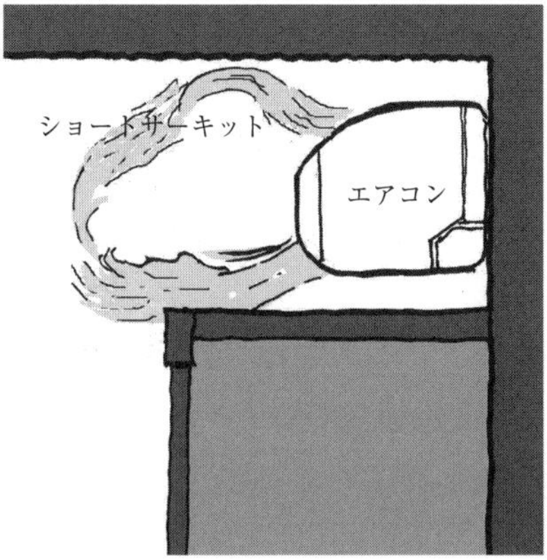

壁掛けのエアコンの姿を隠すために、室内機を奥まった場所に設置している例があります。このように設置をすると、風の吹き出し部分がふさがれ、冷気や暖気が吹き出し口付近で舞い上がりせまい範囲で還流する、「ショートサーキット」を起こして、エアコンの能力を発揮しないことがあります。室外機を奥まった場所に置くのはよくありません。エアコンのメーカーが作成している「設置要領」では、エアコンの風の吹き出し口付近に障害物がないことを求めています。

室外機は、直射日光や地面の照り返しを受けると冷却機能が落ちます。西日があたる西側は避けた方がいいでしょう。どうしても置かざるを得ない場合は、日陰になる位置に設置したり、日よけで陰を作るとよいでしょう。

Q５　バリアフリー

A　バリアフリーを直訳すると「バリア（障壁）をなくす」ということです。障害となるものを取り除いたり、補助するものを加えたりして生活しやすくすることを示します。

高齢者は身体機能が低下してきます。足の筋力低下を補うのには手すりの設置が有効な手段です。階段や廊下、トイレ、浴室などに設けることが多いですが、身体や生活状況に合わせて、どこに設置するかを決定します。

手すりは体重をかけてもぐらつかないように強固にとりつけます。握りやすいサイズ、床からの高さなどを十分に考慮する必要があります。

１階の床は通常、敷地よりも45cm 以上高くなっていますので、車椅子を利用する場合は、この段差を解消するために建物の入口に傾斜路が必要になります。この勾配は、建築基準法施行令25条「階段に代わる傾斜路」で８分の１（約７度）以下と規定されています。傾斜路を設置する場合はその長さも気をつけなければなりません。距離が長くなるほど車椅子の利用者に両輪を回し続ける腕力と持久力が要求されることになるからです。長くなる場合は、途中に一休みする「踊り場」を設ける必要性があります。

〔図〕　階段に代わる傾斜路

通路が狭いと移動に差し支えます。通路の幅は、「長寿社会対応住宅設計指針」では、有効幅員 78cm 以上と決められています。車椅子を利用する場合の有効幅員は 85cm 以上となっています。歩行に他人の介助を要する場合は、介助者は普通横にずれて歩きますので、幅員は1.5人分あるのが適切です。

〔図〕 通路有効幅員

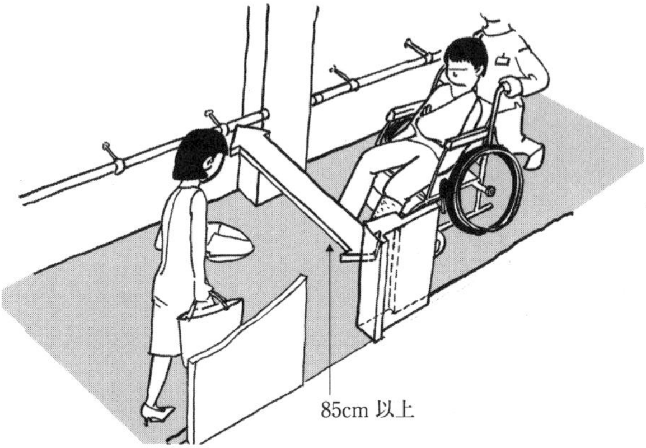

Q6　段差の解消方法

A　厚生労働省の調査によると、65歳以上のお年寄りの住宅内での死亡事故が交通事故による死亡事故の数を上回っています。住宅内の事故を防ぐため、高齢となった家族のためにリフォームしたり、あるいは、家を建てる段階から将来を見越してバリアフリー仕様に設計するなど、住まいのバリアフリー化に対するニーズは高まっています。

高齢者が室内で事故に遭いやすい理由としては、年齢による身体機能の低下があげられます。足の筋力や反射速度の低下、視力の低下によって小さな段差で躓いたり、とっさに体が動かずに転倒して骨折する事故が多くあります。大きな段差よりもわずかな段差による事故の方が多く、敷居やカーペットの段差による事故も発生しています。したがって、室内の段差をなくすことが必要です。敷居や建具枠の関係でどうしても段差ができる場合には段差を設計寸法で3mm、仕上げ寸法で5mm以下に抑えます（住宅性能評価基準「高齢者等への配慮に関すること」参照）。

〔図〕　高齢者がつまづく段差

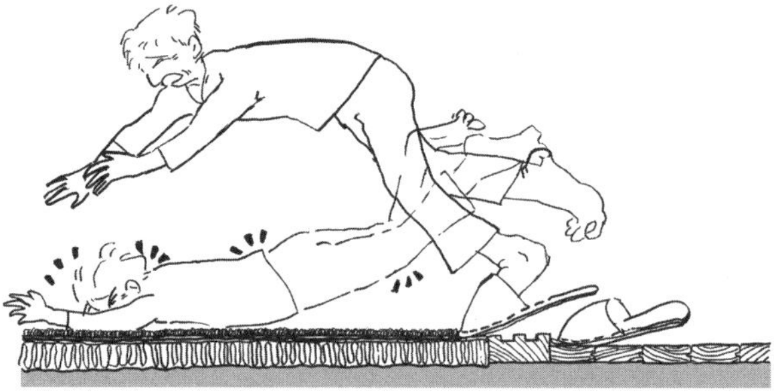

平成7年6月に建設省が策定した「長寿社会対応住宅設計指針」は、玄関、便所、洗面所、浴室、脱衣室、居間、食事室、高齢者の寝室はできる限り同一階に配置して、室内の床は原則として段差のない構造のものとするように

求めています（玄関の出入口、上がり框《かまち》、浴室出入口、バルコニー出入口は別）。

段差を解消するため、カーペットをとり除く、段差に「すりつけ板」をつけるなどの工夫をします。高齢者は見分ける能力も低下するので、より明るい照明をつけることもよいでしょう。似た色合いの区別もしづらくなるので、識別しやすいように段差に色をつけるなどの工夫も必要です。

〔表〕 段差の許容値

対象となる部位	断差形状	許容値(設計寸法)
一般床部 (屋外の通路、建具、下枠、 見切り等を含む)		a, b ≦ 3 mm
歩行環境が変化する境界 (玄関上がり框、掃き出し窓等)		a ≦ 5 mm

※寸法はすべて設計寸法を示す。また必ず面取り行うこと。

第9章

鉄骨造建物の欠陥

Q1　鉄骨造建物の構造

A　鉄骨造建物とは、主要構造部が鋼材（鉄骨）でできた建物です。高層の建物によく見られ、Steel Structure を略して「S造」と呼ばれます。コンクリートの養生期間を必要としない分、鉄筋コンクリート造（RC造）と比べ、工期が短いのが特徴です。

〔図〕　鉄骨建物の構造

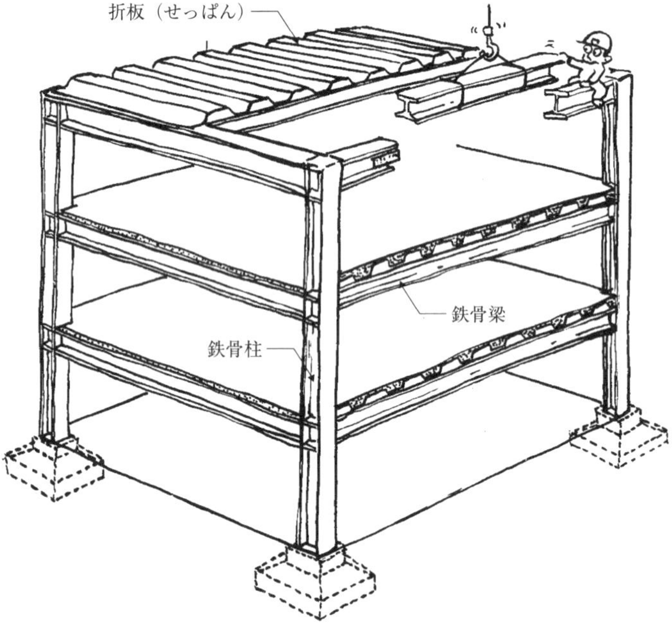

鉄骨建物には、薄い鋼材を加工して骨組とした「軽量鉄骨構造」と、肉厚の鋼材を骨組とした「重量鉄骨構造」があります。特に明記がなく「鉄骨造」という場合は、一般的に後者を指します。

鋼材は工場で製造されるので精度がよく、材質が安定しているので、建物

〔図〕 鋼材の種類

H型鋼　　　　角型鋼管

の構造的品質が一定に保たれています。

鉄骨は引っ張りの力には強いものの曲げや圧縮の力に対してはやや弱いので、それを補うために断面形状が工夫されています。H型・Ｉ型・Ｃ型・山型・角型などの形状がありますが、最も多様されているのが、アルファベットのHの形状をした「H型鋼」です。曲げの力を受けても変形しにくいので、梁材としてよく使用されています。

箱形の形状をした「角型鋼管」は、圧縮を受けても変形しにくいという特徴があるので、柱材としてよく使用されています。必要な耐力を確保するのに少ない断面でよく、経済的な材料です。

鉄骨は火に弱いので、耐火性能を求める場合は耐火被覆を施す必要があります。また、水分に触れると錆びやすいため、防錆《ぼうせい》処理を施すのが一般的です。

Q２　溶接の重要性

A　鉄骨造建物は柱と梁で成り立っています。これを「溶接」と「高《こう》力《りょく》ボルト接合」を用いて組み立てます（令67条）。

「溶接」とは、金属の溶接部を加熱し、溶融または半溶融状態にして２つ以上の部材を一体化させる作業です。鉄骨造建物では「アーク溶接」という手法が最も広く用いられています。アーク溶接とは電気の放電現象による高温化を利用し、同じ金属同士をつなぎ合わせる技術です。２つの材料に均等に熱を加えることが基本で、母材に与える熱量が過大または過小であった場合、期待する強度が得られず、地震の際に溶接部分が破断する場合があります。引っ張りや圧縮の力が働く重要な部分の接合部分は母材（鋼材本体）の強度より強い必要があるので、接合部から壊れるようなことがあると、建物が大きな壊れ方をしてしまいます。

阪神・淡路大震災では、鉄骨造建物の溶接不良による倒壊事例が多数みられました。

しかし、鉄骨工事の中で最も重要であるにもかかわらず、品質のばらつきが多いのが溶接です。そのため、溶接技術試験に合格した有資格者が溶接の施工のみならず、溶接材料の管理や検査なども行うように、細部にわたり規則が設けられています。

鉄骨の溶接はほとんどの場合、鉄骨工場で行われます。鉄骨製作工場（ファブ）は、日本鉄骨評価センターなどの性能評価機関によって、規模や施設機器の整備状況、溶接技術者のレベル、人数などの評価基準によって５つのランクに区分されています。そのランクによってその鉄骨製作工場が扱える建築規模や使用する鋼材・溶接姿勢の種類（下向き、横向き、上向きなど）等に制限を加えています。

鉄骨造建物の仕様書には、鉄骨製作工場のランク指定がなされていますが、指定ランクより低いランクの工場に発注するのは契約違反です。

〔表〕 指定性能評価機関による鉄骨製作工場の評価類別

工場グレード	建物規模	適用鋼材	適用板厚	溶接姿勢
S	制限なし	制限なし	制限なし	制限なし
H	制限なし	400N, 490N, 520N	60mm 以下 (70mm 以下)	下向き 横向き 立ち向き
M	制限なし	400N, 490N	40mm 以下 (50mm 以下)	下向き 横向き
R	5 階以下 延床 3,000m² 以内 高さ 20m 以下	400N, 490N	25mm 以下 (32mm 以下)	原則下向き
J	3 階以下 延床 500m² 以内 高さ 13m 以下かつ 軒高 10m 以下	400N	16mm 以下 (22mm 以下)	原則下向き

※400N, 490N, 520N は構造用圧延鋼材の種類。
※(　) 内は通しダイアフラムの板厚を示す。通しダイアフラムはQ 8 参照。

指定ランク違反が工事中に発覚すれば、工事を止めて指定ランクの業者に交替するように求めることになりますが、ランク違反が建物の瑕疵になるかどうかは溶接の性能不足の有無によって判断します。

Q3　溶け込み不足

A　建築基準法施行令では、鉄骨造の「構造耐力上主要な部分である継手又は仕口は、その部分の存在応力を伝えることができる構造としなければならない」と定めています（67条2項）。「存在応力を伝えることができる構造」というのはわかりにくい定義ですが、力がそのまま伝わる構造でなければならないという意味です。

建築で用いられる主な溶接の方法としては、「すみ肉溶接」、「部分溶け込み溶接」、「完全溶け込み溶接」（突合せ溶接とも言う）の3種類がありますが、この「存在応力を伝えることができる」溶接方法は溶接部位母材と同等の耐力を有する「完全溶け込み溶接」だけです。

〔図〕　完全溶け込み溶接継手

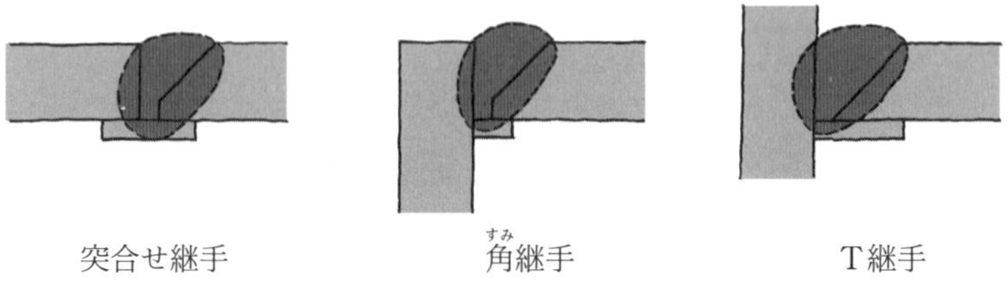

〔図〕　すみ肉溶接の継手

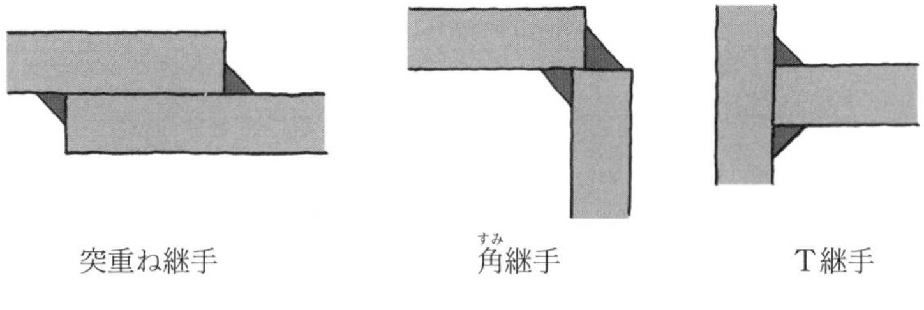

「完全溶け込み溶接」では、接合する母材の切口に溶接部位の空間を確保する「開先《かいさき》加工」という処理を行い、その部分に溶接金属を溶着させ、母材と連続化します。その際、溶接継目では、正確な開先角度と間隔を守らなけ

ればなりません。

溶接が完全に溶け込んで、溶接部が一体化することが必要です。溶け込みが不足すると、地震などで大きな力が加わったときに亀裂が発生します。溶接部位は母材よりやや盛り上がるようにする「余盛《よもり》」が必要となりますが、余盛が大きすぎても応力の集中を招くので、最小限とします。

〔図〕　溶接部の名称（完全溶け込み溶接）

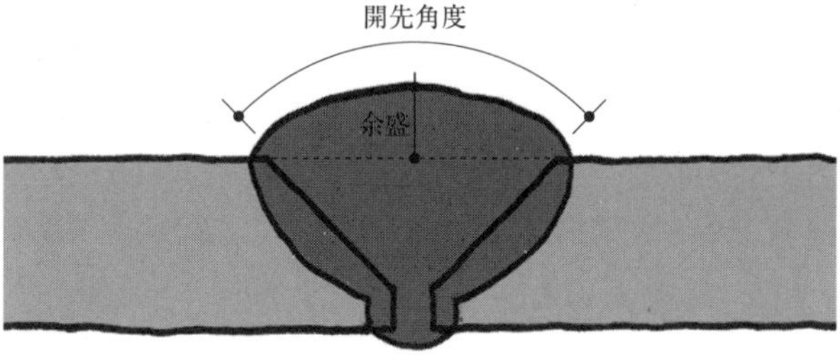

〔図〕　溶接部の名称（すみ肉溶接）

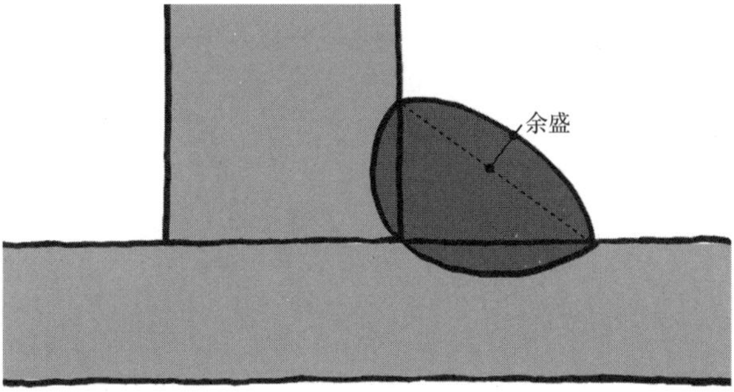

完全溶け込み溶接にすべきところを強度の低いすみ肉溶接ですませてしまうと外見上は区別がつきませんが、欠陥溶接です。柱と梁の接合部などで完全溶け込み溶接と指示されていたところを部分溶け込み溶接にしても欠陥になります。溶接部の長さが指示された長さより足りない場合も欠陥です。

溶接不良は、建物の安全性に直結するので、不良箇所があった場合は欠陥部分を除去して再溶接をします（補修方法についてはQ６参照）。

◆弁護士から一言◆

溶接の溶け込み不足を正面から取り上げた最初の判例は、神戸地裁平成10年６月11日です（民事法研究会発行・欠陥建築被害全国協議会編「欠陥住宅判例第１集」318頁以下)。事案は９階建ての鉄骨造建物で、設計図では完全溶け込み溶接の指示があったにもかかわらず溶け込みが不十分であるとか、継ぎ手の位置を変更するなどの瑕疵があり、平成７年の阪神淡路大震災で３階部分の継ぎ手が外れて３階以上の部分が倒壊しかかったというものです。判決では、「鉄骨柱の接合部は構造耐力上主要な接合部分であり、その構造は建築基準法20条１項、36条などにより構造耐力上その部分の存在応力を伝達しうるものでなければならず、そのためには日本建築学会の鋼構造設計規準所定の完全溶け込み溶接（突き合わせ溶接）を行う必要がある」と明示しています。この判決は、溶接の重要性について判示した部分や施工業者の不法工事責任について判示した部分が説得的で大変参考になります。

Q４　スカラップ、裏当て金、エンドタブの不良

A　H型鋼の柱と梁を溶接接合する際に、溶接線が重なるのを避けるため、扇形の切り欠き部分を設けます。これをスカラップと言います。スカラップを設けることで裏当て金を簡単に取り付けることができます。

スカラップは4分の１円で、半径35mm程度です。このスカラップが綺麗な円弧状をしていないと破断の原因になります。

阪神淡路大震災でスカラップ端部を基点とした鋼材の破断が確認されました。そのため、近年は改良型スカラップや、スカラップを設けないノンスカラップ工法を採用することが多くなっています。

溶着金属が開先の隙間から抜け落ちるのを防ぐために、予め裏側に当てる板を裏当て金といいます。裏当て金の厚さは９mm以上必要です。裏当て金は母材との隙間がないように溶接することが必要で、裏当て金が密着していないと溶接不良箇所になります。

開先のある溶接において、健全な溶接が全断面で確保できるように、始端と終端の両側に補強の板を設けます。これをエンドタブといいます（エンドタブは溶接完了後切断する必要はありません）。溶接始めや溶接終わりの端部では欠陥が発生しやすいため、取り付けるエンドタブは原則として母材と同質・同厚・同開先材を使用します。エンドタブがはじめからなかったり、ずれていると、溶接線が端部で途切れるので溶接不良箇所になります。

〔図〕 スカラップの位置

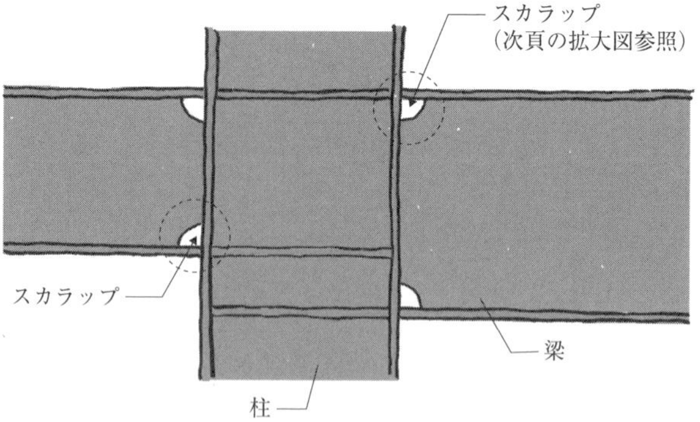

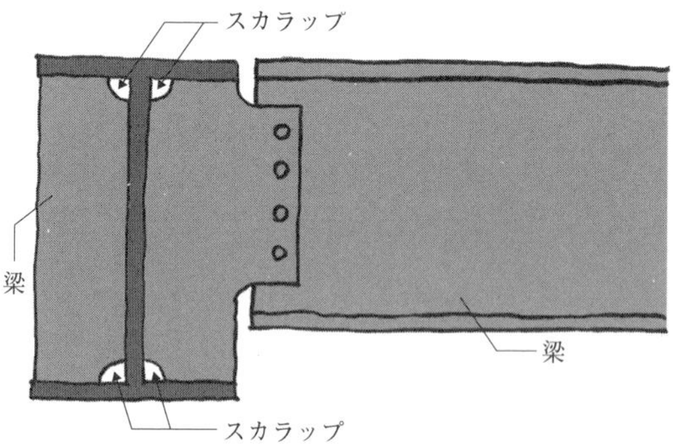

〔図〕 スカラップ

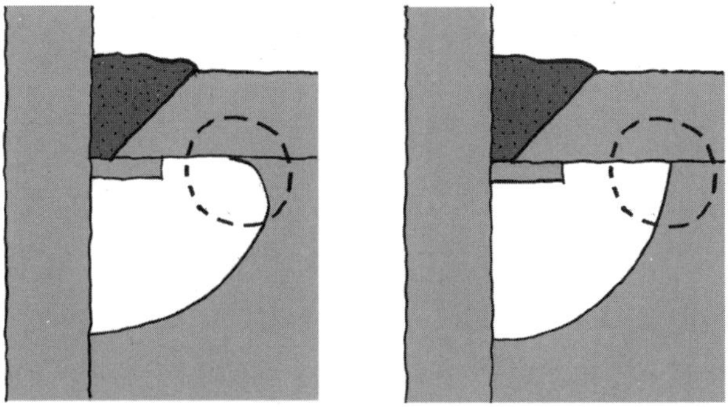

改良型スカラップ　　　　従来型スカラップ

〔図〕 エンドタブ、裏当て金

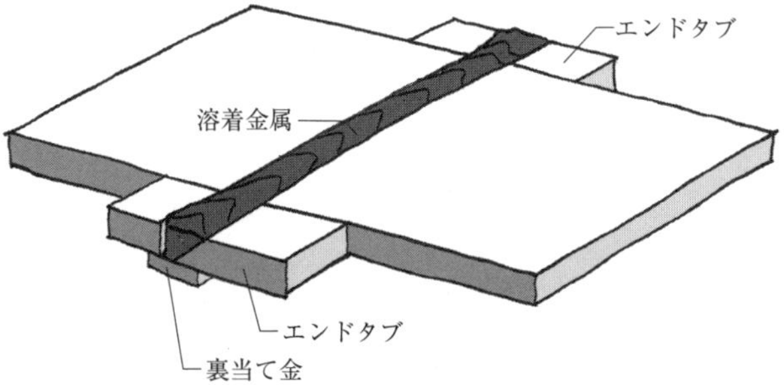

Q5　溶接の調査

A　上質の鉄骨を使っていても、溶接部が不良では何にもなりません。溶接不良を未然に検出するために行うのが、溶接部の「第三者検査」です。発注者や受注者に所属しない第三者が行います。

溶接部分の検査は、目視検査、資料検査のほか、超音波探傷検査（UT検査）などの非破壊検査によって行います。まず目視で仕上がり状態を検査します。溶接面が汚い、溶接クズが付着している、余盛（溶接部分の盛り上がり）が過大である、溶接長が不足している、裏当て金がズレているなど、目で見てわかるような不良個所がある場合は、溶接技量は相当低いと言わざるをえません。すでに施工された部分、隠れて見えない部分、鋼材の材質などは工事監理者に提出されている溶接部検査結果報告書、製品検査結果報告書

〔図〕 代表的な溶接欠陥（内部欠陥）

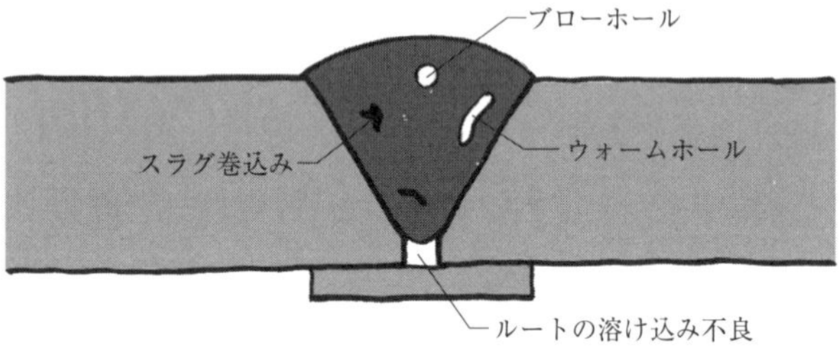

〔図〕 代表的な溶接欠陥（表面欠陥）

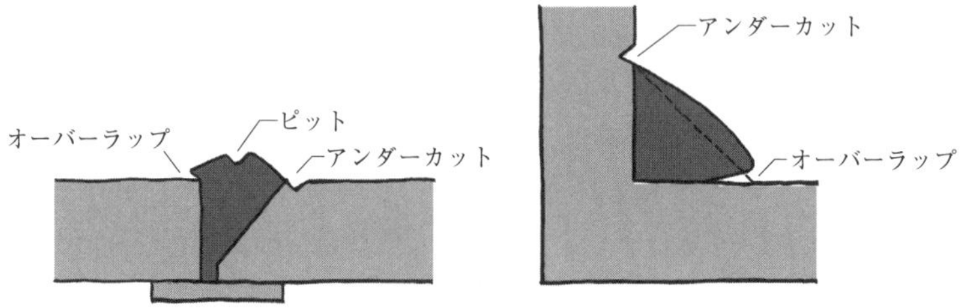

等を点検します。

超音波探傷検査は、パルスを溶接部に当て、欠陥（内部のキズ）からの反射エコーを受信して傷を探り出す方法です。3 階以上の鉄骨造の場合、超音波探傷検査報告書の提出が義務づけられていますが、目視で施工不良が見つかるような場合は、その報告書を鵜呑みにしないで再点検する必要があります。

〔図〕 超音波探傷試験

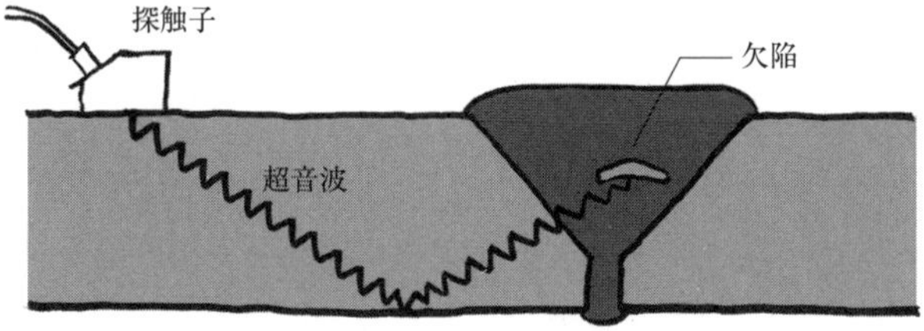

Ｑ６　溶接の補修工事の難しさ

A　溶接部分に溶け込み不足がある場合、溶接部分をいったん除去して再溶接をしなければなりません。

しかし、現場での補修は、①溶接のための足場スペースが取れないこと（仕口付近の外壁材や仕上げ材をいったん撤去してスケルトン状態にしなければならない）、②溶接部を削り取るガウジング作業の時に激しい火花が飛ぶため防火のための養生を厳重にやらざるをえないこと、③溶接部の温度管理のために気密性のある囲いをしなければならないこと（スケルトン状態なので、囲いをしても強風が吹いたり雨が降っているような状況では溶接はできない）、④上向き溶接や横向き溶接など極めて高度な技術を持った資格者を確保しなければならないことなど、施工全般にわたって高度な技量と施工精度が要求されます。

一度解体して溶接工場で補修する方がはるかに安全で確実です。

判例も、「基礎の上に建物を改めて立て直す建て替えによる方法が、手間もかからず、施工精度も信頼でき、施工後の検査も確実にできる」と判示しています（神戸地判平成13・11・11、同旨＝大阪地判平成10・12・18）。

Q７　高力《こうりょく》ボルト

A　鉄骨造建物の梁の継手や仕口は、溶接で接合されている部分以外は、高力ボルトで締め付けて接合します。

高力ボルトとは、一般の鋼材より強度を上げた高張力のボルトです。丸い頭のトルシア型と頭が六角形のものとがあります。このボルトで梁同士または梁と柱を締め付けて、接合面の摩擦力で力を伝達する仕組みです。

ボルト締めをきちんとやっているかどうか点検するため、本締め前にボルトに白い線を引いて「マーキング」を施します。本締めをした後、マーキングのズレによって本締めしたことを確認します。トルシア型高力ボルトは、必要なトルクで締め付けをすると、ボルトの先後部（ピンテール）が破断して取れてしまいます。これによって、必要な締め付けが行われたかどうかを確認することができます。

高力ボルト接合では、ボルトの締め付けが悪ければ振動の原因になりますが、ボルト孔にボルトが入っていれば接合部分としての役割を果たすので、耐震性能など構造安全性の低下に直結することはないと考えられています。しかし、締め付けが不十分でネジが回転して緩んでいる場合には次第にネジが効かなくなるので、緩んだボルトの締め直しは必要です。

ボルト孔の位置がずれてボルトが入っていない場合には当初の耐力を発揮しないので、ボルト孔を開け直して図面どおり設置しなければなりません。ボルト孔が少しずれているためにボルトが傾いている場合にも、地震などの揺れによってボルトが切れてしまう危険があるので、設置し直しが必要です。

〔図〕 六角ボルト

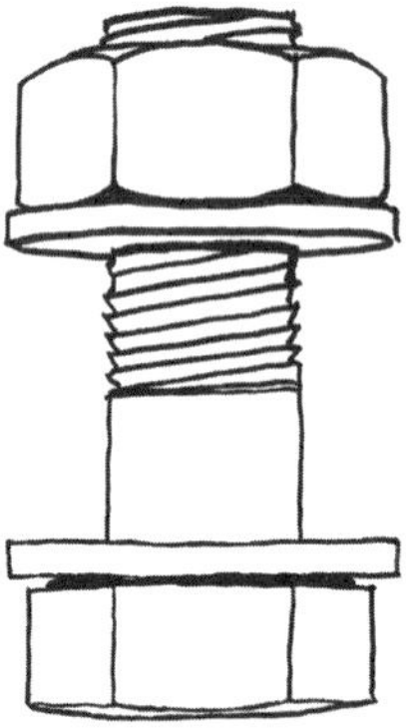

〔図〕 トルシア型ボルト

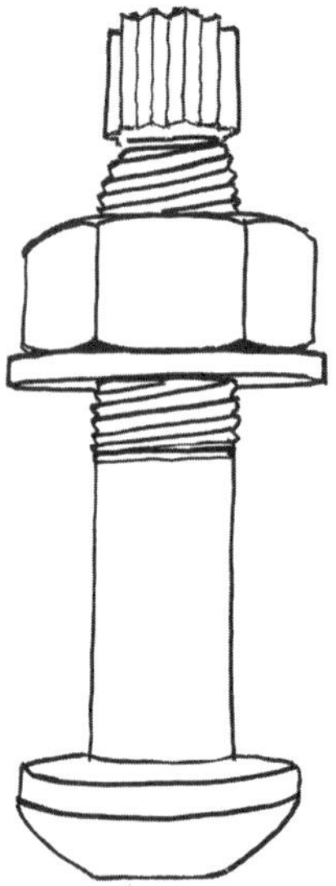

〔図〕 ピンテール

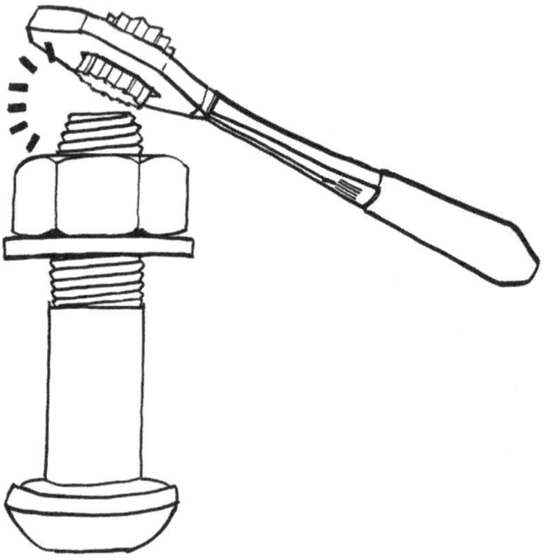

Q 8　内ダイヤフラムの欠如

A　鉄骨は、鋼材が高価なため厚みを小さくし、断面形状をH型や箱型にして強度をもつように工夫されています。

柱に箱形の鋼管を用いる場合は、地震の時破壊が起こりやすい「梁と柱のの接合部分」の内部に、応力を受けとめる鋼材の板（ダイヤフラム）を入れます。

〔図〕 ダイヤフラムの原理

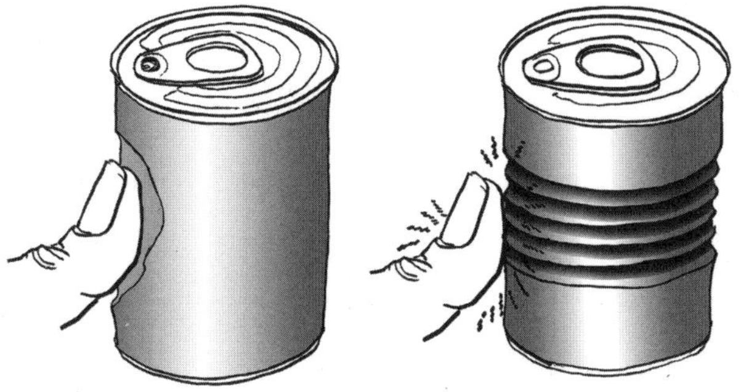

ダイヤフラムは、鉄骨組立工場で柱の内側に溶接して取り付けます。ダイヤフラムには、ダイヤフラムの板が鋼管の断面より大きく、外にはみ出している「通しダイヤフラム」とダイヤフラムの板が鋼管の内側に納まっている「内ダイヤフラム」、ダイヤフラムが鋼管の外側にある「外ダイヤフラム」があります。

内ダイヤフラムは設計図（構造図）では、平面図であれば鋼管の仕口の内側に×印がつけてあり、立面図であれば鋼管の仕口の断面に点線でその存在が表記されています。しかし、鉄骨を組み立てた後では目視で確認することができないため、欠落していても見逃されることがあります。しかし、非破壊検査（X線検査）で確認すれば内ダイヤフラムが入っているかどうかは一目瞭然です。

〔図〕 ダイヤフラムの種類

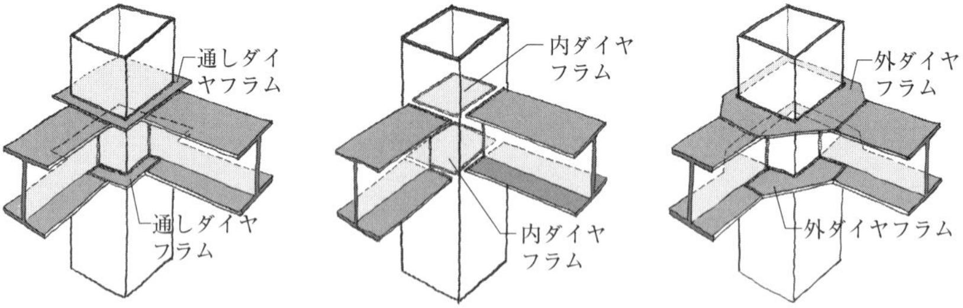

（通しダイヤフラム）　（内ダイヤフラム）　（外ダイヤフラム）

Q 9　柱脚部の設置不良

A　鉄骨建物の柱脚部は、上部の荷重を基礎に伝える大切な部分です。ここに施工不良があると、上部の荷重を支えることができず座屈が起こり、倒壊につながって大きな被害を招く可能性があります。

柱脚部は、基礎コンクリート、ベースモルタル、アンカーボルト、ベースプレートの 4 つの要素で構成されています。座屈が起こる原因としては、アンカーボルトの破壊、ベースモルタルの破壊、ベースプレートと柱の溶接強度不足による破断、鋼材の腐食による耐力低下などがあります。

〔図〕 柱脚部

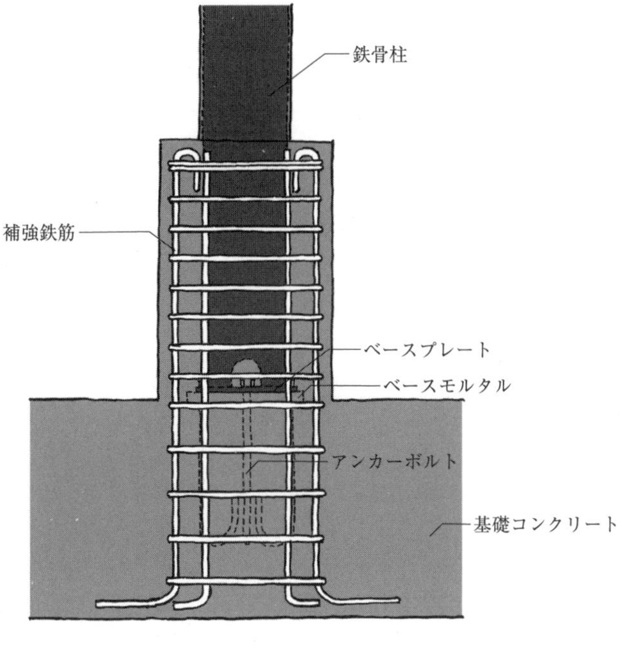

柱を基礎コンクリートに固定するためのアンカーボルトは、深く埋め込めば埋め込むほど引き抜きに対し強くなります。埋め込みが短いと、アンカーボルトが引っ張り力で抜けてしまいますので、所定の埋め込み深さを守る必要があります。

ナットは、緩み防止のため必ず二重ナットとし、二重ナットの外にねじ山が３山以上出るようにしなくてはいけません（建設省平成12年告示1456号、日本建築協会『建築工事標準仕様書 JASS 6 鉄骨工事〔第９版〕』）。

しかし、アンカーボルトの位置がずれていたり、ねじ山がきちんと出ていない不良例をよく見かけます。

〔図〕 アンカーボルトの据付け高さ

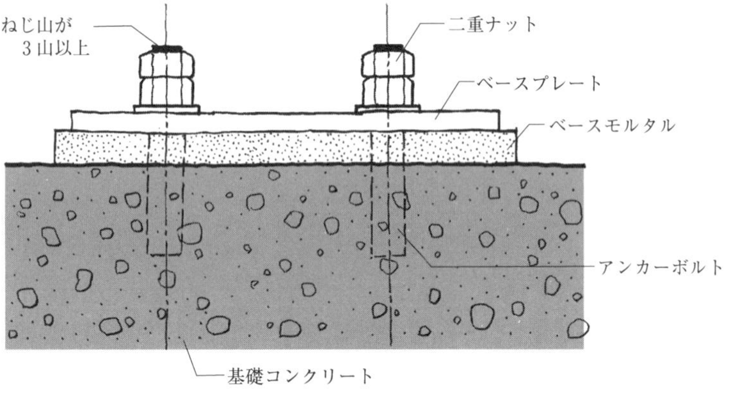

第10章

鉄筋コンクリート建物の欠陥

Q1　鉄筋コンクリート造の建物

A　鉄筋コンクリートは、コンクリートの内部に鉄筋の芯が入っている建築部材です。

鉄筋コンクリート構造のことを「RC構造」「RC造」と言います。RCとは「Reinforced-Concrete」の略で、直訳すれば「補強されたコンクリート」という意味です。

鉄筋コンクリートは、圧縮の力に強いが引っ張りの力に弱いコンクリートと、引っ張りの力に強い鉄筋から構成されます。その合成物である鉄筋コンクリートは、それぞれの長所を生かし、圧縮の力にも引っ張りの力にも強いという性質を持っています。

〔図〕 鉄筋コンクリート構造

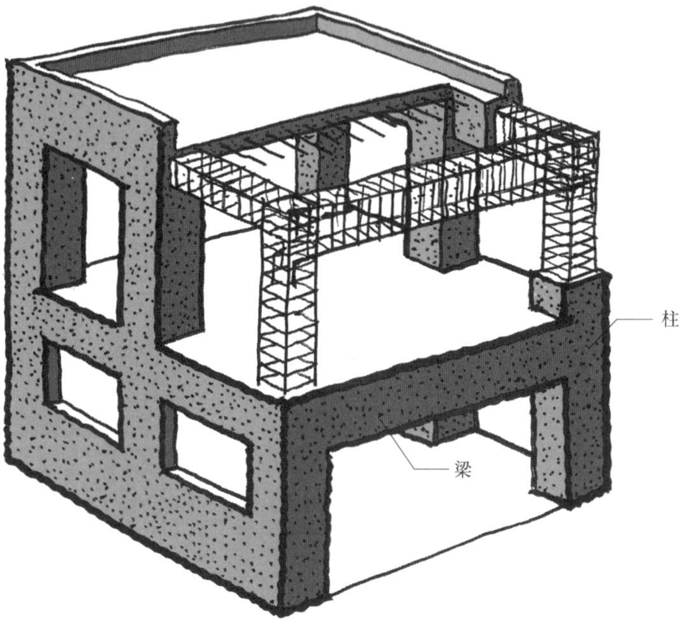

鉄筋には、錆びる（酸化する）という短所がありますが、コンクリートの成分であるセメントはアルカリ性なのでコンクリート中に鉄筋を入れることで鉄筋の錆び（酸化）を防止することができます。この点からも、コンクリートと鉄筋は優れた組み合わせであると言えます。

鉄筋コンクリートは強度にすぐれた構造体なので、中層の建物によく使われます。コンクリートの打設時の流動性を活かし、型枠に合わせて自由に平面形状や断面形状を作ることができるので、意匠性の高い建物に使用されます。

しかし、鉄筋コンクリートは重いため、高層の建物や体育館、展示場のような大空間を有する建物には向きません。これらの建物には鉄骨造や鉄骨鉄筋コンクリート造などの他の工法が適しています。

鉄筋コンクリート造の主な構造形式は、柱と梁が剛接合されている「ラーメン構造」と、柱や梁がなく耐力壁で荷重を負担する「壁構造」があります。

作り方の区別としては、現場で柱や梁などを鉄筋で組み立て、型枠で囲った中に、コンクリートを打設する「場所打ちコンクリート造」、壁や床などをあらかじめ工場で製作し、現場では組み立てるだけの「プレキャストコンクリート造」があります。

〔図〕 ラーメン構造

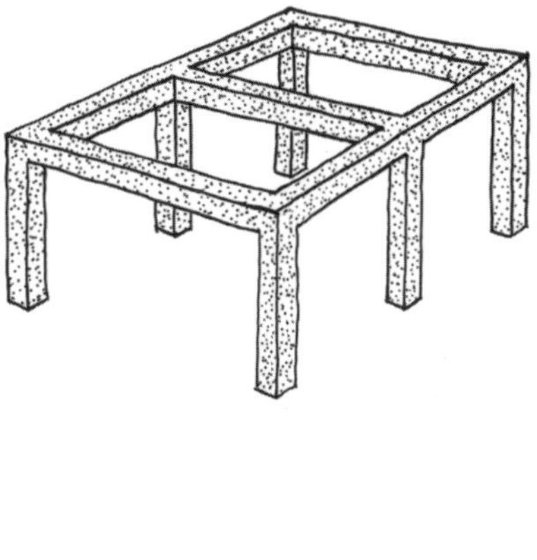

〔図〕 壁構造

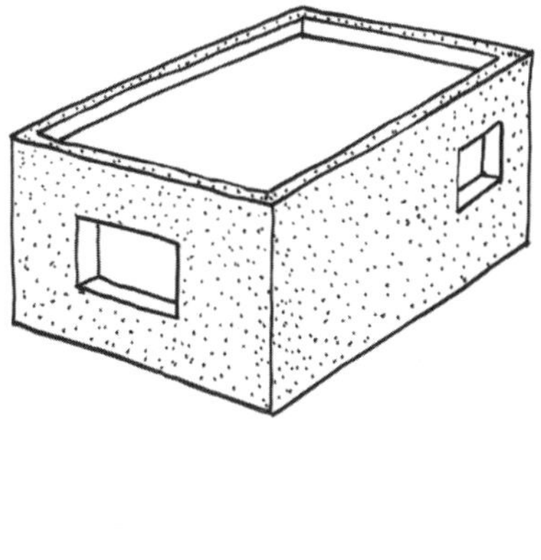

Q2　構造計算

A　構造計算とは、建物が自重や積載荷重などの長期的な荷重に耐えられるかどうか、地震や台風などの短期的な力に耐えられるどうかを、新耐震設計法に基づいて確認する計算です。

平成12年6月の建築基準法改正よって構造計算は従来の「許容応力度計算法」のほかに、「限界耐力計算法」によることも可能になりました（令81条、ただし超高層建築物を除きます）。

材料に力が作用した場合に材料が弾性範囲内で持ちこたえることができる限界値（限界許容応力度）がわかっています。許容応力度計算法はこれを利用して、荷重や震動などによって発生する応力が構造部材に作用した場合に、その応力が部材の許容応力度を越えていないかどうかを計算するものです。

許容応力度計算では、建物の自重など長期にわたってかかる力に対するもの（長期許容応力度）と、地震や台風の風圧などの短期間かかる力に対するもの（短期許容応力度）の両者を検討します。

長期許容応力度は、建物にかかる長期間持続する荷重（建物自重と積載荷重）によって引っ張られる側のひび割れを増幅しないようにし、しかも、建物を長期間使用してもその間に建物の使用に支障をきたさないことを基本的な目標にしています。一方、短期許容応力度は、地震や風など一時的に発生する大きな力を受けても中規模程度の地震は柱や梁などの主要構造部分に損傷が発生しないこと、大規模地震では倒壊しないことを基本的な目標としています。

もうひとつの計算法「限界耐力計算」は、コンピューターで建物の複雑な動きが解析できるようになって生まれたものです。地盤の特性を踏まえて、地震力が建物にどのように伝わるのか、地震を受けたときに各階がどの程度変形し、どの程度復元する特性をもっているのかなどを見極めたうえで、地震を受けたときの建物の動き（応答値）をコンピュータ解析で予測するものです。中規模地震の際に応答値が損傷を発生させない限界値（損傷限界値）内に収まっているかどうか、大規模地震の際に建物の主要構造部で破壊が起きない限界値（安全限界値）内に収まっているかどうかを確認します。

許容応力度計算法と限界耐力計算法を比べてみると、許容応力度計算法の方が各部材ごとに守らなければいけない約束事が多く、限界耐力設計法の方が設計者の求める性能を満たしているかどうかを直接に判断することができると言われています。したがって、設計法として違う観点に立っていると言ってもいいでしょう。

■用語解説■

●軸方向力（軸力）

材の中心軸方向に荷重が作用したときに生じる、軸方向に働く応力（抵抗力）を「軸方向力」もしくは「軸力」といいます。断面から両側から引っ張るような軸方向力を「引張力」といい、逆に圧縮されるような軸方向力を「圧縮力」といいます。

●せん断力

材軸に直交する荷重が作用したときに生じる、材軸に直交する方向に働く応力（抵抗力）を「せん断力」といいます。ハサミは、せん断力を利用したものです。

●曲げモーメント

外力を受けて部材が曲がるときに、その部材の最も外力を受ける点に部材を扇形状に曲げて抵抗しようとする力が働きます。この力を「曲げモーメント」といいます。曲がって伸ばされた側を「引張側」といい、逆の曲がって縮んだ側を「圧縮側」といいます。

Q3　スリットの未施工

A　柱・梁と壁が強固に接合されていると、地震で柱や梁が揺れた際に壁を通じて柱・梁に力が加わり、柱や梁が損傷する恐れがあります。

そこで、建物の大切な構造である柱・梁の耐震強度を損なわないようにするために、壁と柱、壁と梁の間にあらかじめ「切り込み」を入れ、柱・梁が損傷しないようにすることがあります。この切れ込みを「構造スリット」もしくは「耐震スリット」と呼びます。

〔図〕 構造スリット（三方スリット）

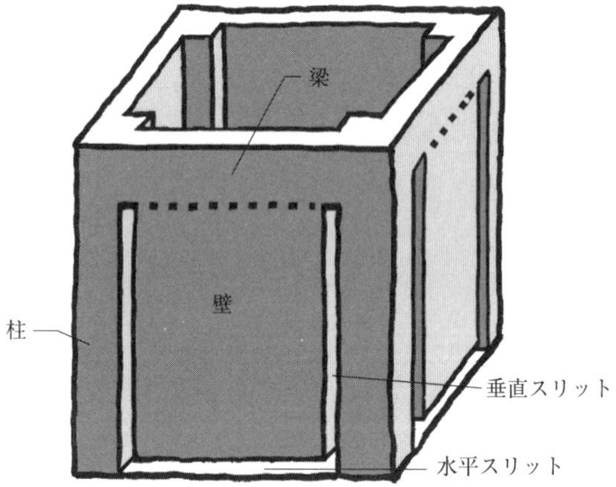

スリットを施工することを前提に構造計算をした建物でスリットが未施工であれば、耐震性能が低下します。

2005年の福岡県西方沖地震では、設計図に記されていた耐震スリットが入っていなかったために、通路の外壁やロビーの壁が壊れたり、玄関ドアが変形して開かなくなるなど、深刻な被害が発生しました。

Q 4　配筋不足

A　RC 造の建物は、鉄筋を骨組みにし、これにコンクリートを流し込んで柱や梁、床などの構造躯《く》体《たい》をつくります。配筋とは、設計図に従ってコンクリートの中の鉄筋を配置することです。

必要な鉄筋の量は構造計算で決めます。配置する場所、本数や形、太さなども構造計算書で指定されます。

〔表〕　構造計算書のスラブ配筋リストの例

スラブリスト

符号	スラブ厚	位置	短辺方向			長辺方向		
			端部 Ⓐ	中央 Ⓑ	両端 ⒸⒹ	端部 Ⓓ	中央 Ⓑ	両端 ⒸⒶ
S1	200 ～180	上端筋	D13-@100	同左	同左	D13-@100	同左	同左
		下端筋	D13-@100	同左	同左	D13-@100	同左	同左
S2	180	上端筋	D13-@150	同左	同左	D13-@150	同左	同左
		下端筋	D13-@150	同左	同左	D13-@150	同左	同左
S3	180	上端筋	D13-@200	同左	同左	D10・D13-@200	同左	同左
		下端筋	D13-@200	同左	同左	D10・D13-@200	同左	同左
S4	150	上端筋	D13-@200	同左	同左	D10-@200	同左	同左
		下端筋	D13-@200	同左	同左	D10-@200	同左	同左

鉄筋は組み立てた後で修正することは難しいので、組立工程の要所要所で配筋の状態を確認します。配筋完了後は、コンクリート打設（流し込むこと）前に必ず配筋検査を行います。配筋検査では、鉄筋の配置、配筋同士の間隔、寸法、数量、鉄筋の種別などが「配筋図」どおりに施工されているかを検査します。検査は、検査確認機関と構造設計者の両者によって行われ

ることが多く、検査確認機関への提出用に記録写真の撮影をします。したがって、配筋の状態は「報告書」の形で残っています。しかし、現実の報告書は不充分なものが少なくありません。

平成21年10月以降に引き渡された建築物は、瑕疵担保責任履行確保法で保険を付けることが義務づけられたので、配筋検査の報告書が保険審査の資料としても保存することになっています。

〔図〕 架《か》構《こう》配《はい》筋《きん》図《ず》の例

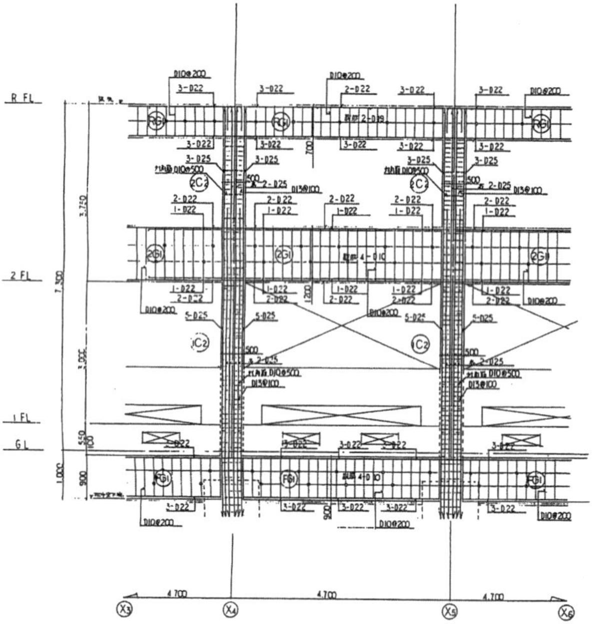

Q５　コンクリートのひび割れ

A　コンクリートのひび割れは、躯体《くたい》に力が加わって発生するものと、材料や施工に起因するものとに大別されます。

地震や風圧によって生じる曲げモーメントやせん断力、また、建物の荷重がかかって発生するひび割れは「応力クラック」とよばれます。本来、構造計算によって、建築基準法の想定する力に耐えられるように設計されているので、応力クラックの発生は、躯体への力のかかり方が不正常であることを示しています。

〔図〕 鉄筋コンクリート造に発生する収縮クラック

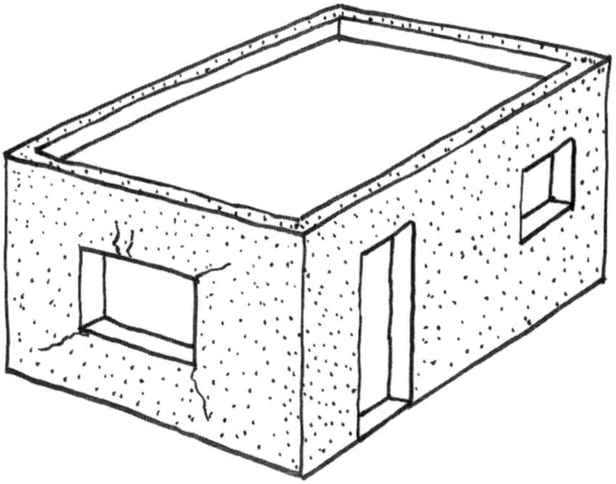

材料や施工に起因するひび割れの代表例は、「収縮クラック」とよばれるものです。これは、生コンクリートが水分を放出して収縮する過程で、セメント成分が鉄筋や接合部材に拘束され、互いに引っ張り合うことで生じるひび割れです。収縮クラックは、部材の長手方向と直角の方向に直線状に入ったり、部屋の隅角部では斜め方向に入ったり、開口部周辺では放射線状に入

ります。比較的特徴のある発生の仕方をします。ひび割れ幅は、0.01〜0.5 mm 程度と応力クラックに比べて小さく、「ヘアークラック（髪の毛ほどの大きさのひび割れの意味）」と呼ばれることもあります。

その他、施工に起因するひび割れには、①生コンクリートの水分分離（ブリージング）によってセメント面が沈下する際、これが表面近くの鉄筋に妨げられて鉄筋に沿って発生するもの（沈下ひび割れ）、②コンクリートの打ち継ぎにより、打ち継ぎ目で発生するもの（コールドジョイント）、③低温下（−0.5℃以下）でコンクリートを打設したためコンクリートが凍結して表面上に不規則に生じるもの（凍結ひび割れ）などがあります。

どの種類のひび割れでも、進行すると、水や空気が躯体に侵入して内部の鉄筋が腐食し、その結果躯体の耐力が低下する、室内に浸水するなどの問題につながります。建物の劣化抑制という点からは、ひび割れ幅の許容値は屋外で 0.3mm、屋内で 0.5mm であり、それ以上のひび割れは有害であると考えられています。水を通さないという点では、ひび割れの許容値はもっと厳しく、0.15mm が限度だとされています（いずれも、「日本建築学会・鉄筋コンクリート造建築物の収縮ひび割れ制御設計・施工指針（案）・同解説」参照）。

ひび割れの補修にあたっては、補修の目的に最も適した方法を採用しなければなりません。0.2mm 以下の小さなひび割れは、コンクリートの表面に皮膜を設ける「表面処理工法」で補修するのが一般的です。耐摩耗性や耐腐食性の点から表面処理工法では不十分だと考えられる場合は、ひび割れ部分をU字型にカットして、エポキシ樹脂などの充填剤を詰める「充填方式」を採用します。ひび割れ幅が 0.2mm を超える場合は、ひび割れ部分をU字型やV字型にカットし、ひび割れに沿って注入用パイプを取り付け、ポンプで圧力をかけてエポキシ樹脂等の充填剤を注入する「注入工法」を採用します。

建物の構造的な欠陥が原因で生じたひび割れの場合、表面のひび割れだけを補修しても再発の可能性があります。構造的な欠陥の補修も併せて行わなければなりません。

■用語解説■

●コンクリート

コンクリートは、水、セメント、砂（細骨材）、砂利（粗骨材）を適切な割合に混ぜて練ったものです。

コンクリートに用いる砂に塩分が残っていた場合、コンクリートの酸化が進行し、内部の鉄筋が錆び、それにより体積が膨張して、周囲のコンクリートのひび割れ、剝離、剝落が生じ、コンクリートが弱くなっていきます。コンクリートに使用する砂は、塩分を含まない川砂が理想的ですが、大きな川をもたない地域では、海砂を脱塩処理したものを使用します。高度成長期には、脱塩が十分になされないまま使用された建造物が多く、社会問題となりました。

●ワーカビリティ

練り上げられた状態のコンクリートの作業性の善し悪しのことで、セメントの粉末度、混和材料の種類と量、骨材の粒度・粒径、単位セメント量、単位水量などによって変化します。

通常の施工では、コンクリートの強度とワーカビリティの双方に配慮しますが、「シャブコン」と呼ばれる水分の多いコンクリートを使い、強度が低くなっても作業性の良さを重視するような不良工事は後を絶ちません。

●養生《ようじょう》

コンクリートやモルタルは、十分に硬化するまで一定の温度や水分含有量を保つ必要があります。養生《ようじょう》とは、乾燥によるひび割れや外からの衝撃から守り、適切な温度と湿度を保つために、シートを被せたり、風雨を避けたり、また逆に水分を与えたりして、コンクリートやモルタルを一定期間保護することです。

Q 6　上端《うわば》鉄筋の位置下がり

A　上端鉄筋とは、床スラブや梁などの上端に配置する鉄筋の主筋のことです。

〔図〕 上端鉄筋

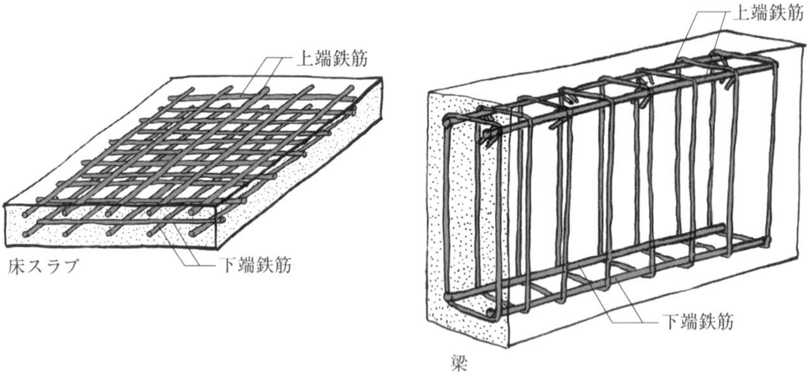

床スラブには人や家具などの重さが垂直方向にかかり、床スラブの上面の端部（大梁の際）には下方向に引っ張る力が加わります。床コンクリートは圧縮力には強くても引っ張り力には弱いため、引っ張り力がかかるスラブ上側にそれに対抗する鉄筋を配置します。これが上端鉄筋です。当然この上端鉄筋の位置が下がるとその力は十分に発揮されなくなり、耐力が低下します。ひどいときには床のたわみを招くことになります。たわむと床スラブの下面の中央部や上面の端部にヒビが入り、そこから水分が浸入してコンクリートの中性化（後述Q10参照）が進み、鉄骨が錆びるなどの不具合が生じます。

床スラブ

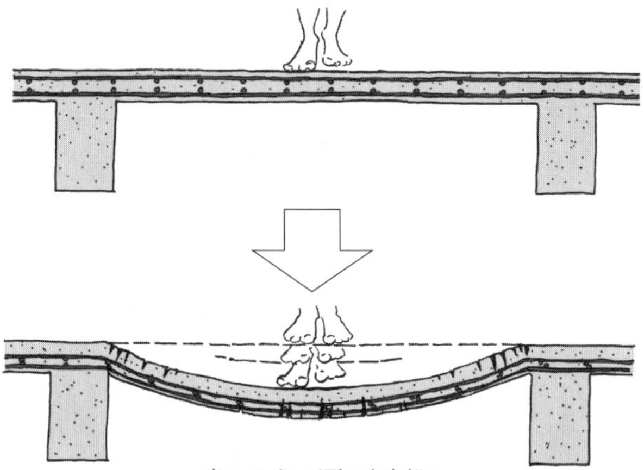

床スラブの下面の中央部や
上面の端部にひびが入る

特に片持ちスラブと呼ばれ建物から突き出たバルコニーや通路部分では、不具合が顕著に現れます。当初は、片持ちスラブの根元にひび割れが入るだけですが、そこから鉄筋が腐食し弱体化すると、バルコニーごと落下する危険もあります。

片持ちスラブ

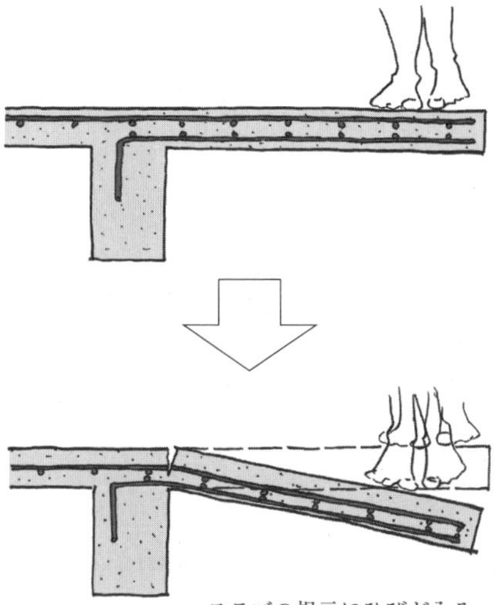

スラブの根元にひびが入る

Q 7　かぶり厚不足

A　鉄筋には熱に弱く、錆びやすいという欠点があり、コンクリートで十分に覆われている必要があります。コンクリートの表面から鉄筋までの厚さを「かぶり厚」と呼びます。

〔図〕 かぶり厚

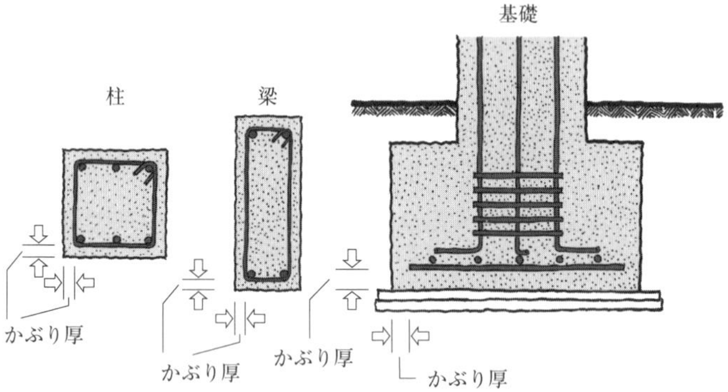

かぶり厚さが不足すると、強アルカリ性のコンクリートが空気中の二酸化炭素の影響を受けて中性化し、鉄筋が酸化しやすくなります。鉄筋は酸化して錆びると体積が増しコンクリートにヒビが入ります。このヒビから水がしみこみ、鉄筋の錆はどんどん進行します。鉄筋の錆が進行するとコンクリートの剝離・剝落につながります。これを「爆裂」といいます。このような状況になると、耐震性・耐火性能にも悪影響を及ぼします。

建築基準法では、耐力壁・柱・梁のかぶり厚は 3 cm 以上、耐力壁ではない壁や床は 2 cm 以上、基礎の立ち上がり部分は 4 cm 以上、基礎の地中部分は 6 cm 以上と決められています（令79条）。

施工では、かぶり厚を確保するために、鉄筋と型枠の間に「スペーサー」「バーサポート」などの「はさみもの」を使用します。スペーサーは錆びないプラスチック製や、同じ材料であるモルタル製やコンクリート製のものがあります。

（スペーサー）

基礎の床スラブの配筋（下端筋）を支えるスペーサーがめり込んだり、外れていると下端筋と地面（または防水シート）の間の適切なかぶり厚が確保できません。

（良い施工例）

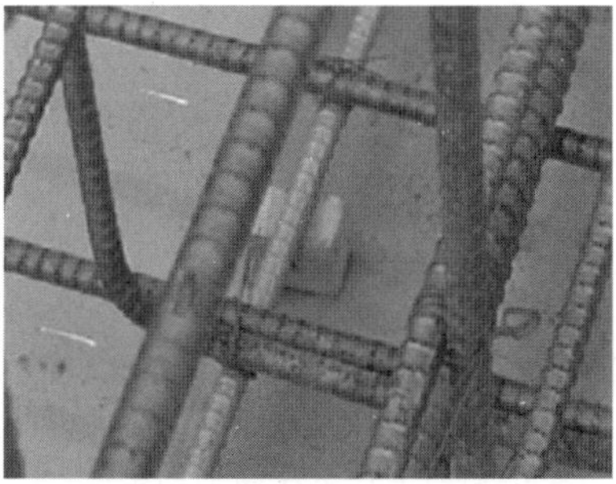

（鉄筋を支えているサイコロで正しいかぶり厚を確保）

（悪い施工例）

（サイコロが土にめり込んでいる）

Q 8　ジャンカ・打ち継ぎ目

A　「ジャンカ」は、生コンクリートが型枠の中に充分に入らなかったために生じた充填不良箇所です。コンクリートの締め固め不足で型枠の隅部や下部にできた隙間、骨材（砂利や砂などセメントに混ぜる物質）がセメントと分離してしまった部分、一部に骨材が多く集まってできた空隙、型枠の下端からセメントペーストが漏れてできた隙間など、出来方はさまざまです。骨材が豆のように露出するので「豆板《まめいた》」とも呼ばれます。ひどい例では、鉄筋が露出するほどの大きな空隙ができます。

ジャンカは、その空隙部分から空気が侵入することにより、コンクリートの中性化が加速し、コンクリート強度の劣化、鉄筋の腐食が進行することがあります。こうなると建物の寿命に大きな影響を与えます。

ジャンカの補修方法は、深さや程度によりますが、ポリマーセメントモルタルを塗布したり、無収縮モルタルを充填するのが一般的です。

打ち継ぎ目は、先に打ち込んだコンクリートと後から打ち込んだコンクリートとの間が、完全に一体化していない継ぎ目のことです。

打ち継ぎ時間の間隔が空きすぎて生じる不連続な面のことを「コールドジョイント」といいます。

コールドジョイント部分は、コンクリートが一体化していないため脆弱になっていて、ひび割れが生じて水が通りやすく、建物の耐久性が低下する原因となります。

補修方法としては、隙間の大きさによってエポキシ樹脂注入工法、Uカットシーリング工法、シール工法などを選択します。

コンクリートの劣化はすなわち構造体の劣化、つまり耐久性の低下を意味します。したがって隙間が表面だけなのか、中まで繋がっているのか、しっかりと判断する必要があります。表面から判断が困難な場合は部分的に剝いで隙間が中までつながっているのかどうか確認します。

（ジャンカの例）

Q9　コンクリート床の穴（開口）

A　コンクリート床には、建物の基準となる線を引くための「墨出し穴」や材料の上げ下ろしをするための「荷揚げ開口《かいこう》部」、給排水管等を通すための穴など、数カ所に穴（開口）をあける必要があります。

コンクリートに後から穴をあけると中の鉄筋を切断したりヒビなどが入って強度が下がるおそれがあるので、コンクリートを打設する前に、配管やダクトが梁や床などを貫通する場所にはあらかじめスリーブや開口用型枠を取付け、周囲を補強しなければなりません。

〔図〕 開口補強筋の例

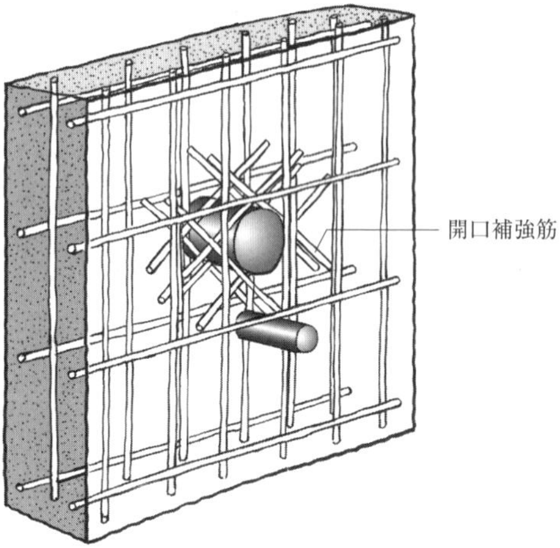

予め穴の確保を行っておらず、事後に穴をあけて鉄筋を切断するような乱暴な工事例も報告されています。

墨出し穴を閉じるときに、紙などを詰めて外見上埋め戻しをしているように見せかけている例もあります。国土交通省は平成21年1月、全国の公共賃貸住宅の6.8％で墨出し穴がふさがれずに放置され、火災の際に炎が穴を伝って延焼する恐れがあると指摘しました。墨出し穴の放置が横行していることを示しています。

開けた穴を埋め戻す際は、モルタル等の不燃材で完全に埋め戻さなければなりません。

Q10　コンクリートの中性化

A　コンクリートはもともとph値12～13の強アルカリ性ですが、空気中の二酸化炭素CO_2と結合することによって次第に中性化していきます。中性化してph値が11.5を切ると、鉄筋を覆っていた薄い酸化膜（不動態皮膜）が消失し、酸素と水があると鉄筋が腐食しやすくなります。

鉄筋が腐食すると鉄筋の耐力が低下するとともに、体積が膨張してコンクリートのひび割れや剝離（爆裂）につながります。ひび割れや剝離が発生するとCO_2の侵入がさらに進み、鉄筋の腐食が加速します。

（コンクリートの爆裂例）

中性化がどの程度進行しているかは、コンクリートをコア抜きしてフェノールフタレイン１％溶液を噴霧し、その赤色反応を利用して測定します。

中性化の予防対策としては、セメントに対する水分の量が少ない密実なコンクリートを使用することが望ましいと言われています。移動時間が長くなって流動性が低下した生コンに水を加えたり、作業性を高めるために水を加えた「シャブコン」と呼ばれる水分が多い生コンを使用すると、やがて固まって水が抜けるとそのすき間に炭酸ガス等が入り込み中性化が進行します。

適切なかぶり厚を確保することやコンクリートの表面を塗装することも中性化を抑制するのに有効です。

Q11　手すりの安全性

A　バルコニーや屋上からの転落を防ぐため、建築基準法は2階以上にあるバルコニーや屋上に設置する手すりは1.1m以上の高さが必要だと規定しています（令126条）。

しかし、手すりの構造によっては1.1mでは必ずしも安全ではありません。手すりの下に足をのせることができる、いわゆる「足がかり」がある場合や、手すり自体が大きな金網でできていて、よじ登ることができる場合はそうした構造も考慮に入れる必要があります。ベターリビング（優良住宅部品評価基準）では成人の転落防止のためには手すりは足がかり部分からさらに1.1mの高さが必要だとしています。

乳幼児が手すりの下部をすり抜けることも防がなくてはなりません。住宅部品開発センター「手すりユニット評定の技術的基準」では、手すり部材間の空間は11cm以内、バルコニーの手摺り部材とバルコニーなどの空間は直径9cm以下としています。

そのほか、手すりの強度、手すりを支える柱の距離、手すりの柱脚部の固定方法などについても安全を確保する必要があります。

〔図〕　手すりの高さ

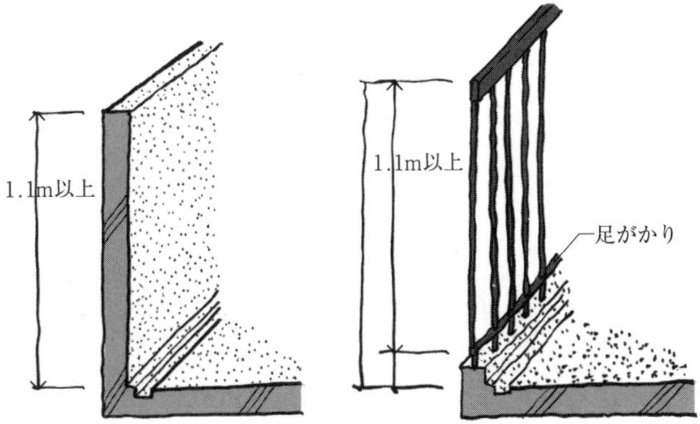

Q12　階段の安全性

A　階段は、建築基準法によって階段の種類ごとに幅・蹴上《けあ》げ・踏面《ふみづら》の寸法がそれぞれ決められています（令23条）。

住宅の階段については、けあげ23cm、踏面15cmでも建築可能であるとされていますが、これだと傾斜が56度もあってとても危険です。財団法人建築技術教育普及センターによると、階段の傾斜は30～35度が適切であるとされています。

階段を万一踏みはずしても一番下まで転げ落ちないよう、途中に踊り場を設けると事故による衝撃を軽減することができます（なお、4m以下の階段には踊り場の設置は義務づけられていません）。

階段の手すりは最低でも片側には取り付けなくてはなりません（令25条）。高さについて規定はありませんが、成人を基準とした場合、踏み込み面から75～80cmが一般的です。すべり止めや足元灯を取り付けることでより安全性が高まりますが、これらの付帯設備は必ず付けないといけないものではな

〔図〕　階段部分の名称

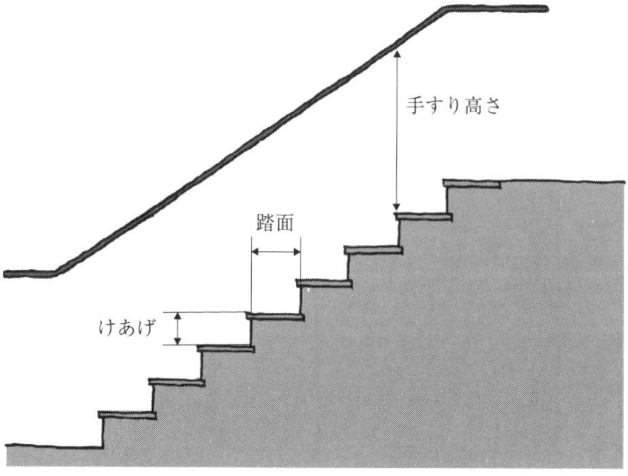

いので、どの程度設置するかは事前に打ち合わせをして設計図や見積書に明記しておく必要があります。

第11章

工作物

Q１　擁壁の安全性

A　切土《きりど》や盛土《もりど》をして宅地造成をしたことによって「がけ」(通常30度以上の勾配がある土地) ができた場合、がけが壊れたり土砂の流出などの災害を起さないように土止めの「擁壁」を設置します。

建築基準法施行令は、2ｍ以上の擁壁を築く場合には、以下のような規制を設けています (142条)。

①　鉄筋コンクリート造や石造など腐食しない材料を用いること

②　石造の場合コンクリートを用いて裏込めをし、石と石を十分に結合すること

③　水抜き穴を設け、水抜き穴の裏側に砂利などを詰めること

④　構造安全性や耐久性に関する規定に適合すること

⑤　構造安全性が構造計算によって確かめられること

これらの基準を満たす擁壁は、間知《けんち》石《いし》練《ね》り積み擁壁、鉄筋コンクリート擁壁などがあります。裏込めをしない、いわゆる「空《から》積《づ》み」の自然石積み擁壁や、塀用のブロック (補強コンクリート造ブロック) を積み上げた擁壁は認められていません。

宅地造成等規制法は、宅地造成工事規制区域内で作る擁壁について、さらに詳細な規定を設けています。2ｍを超える切土や1ｍを超える盛土をする場合、または切土盛土を同時にして盛土部分が1ｍ未満でも全体の高さが2ｍを超える場合には、崖を崩壊から防止する擁壁の設置を義務付け (同法施行令5条)、その技術的な基準を定めています。

鉄筋コンクリート造の擁壁、無筋コンクリート造の擁壁については、構造計算によって、①擁壁の自重・土圧・水圧に耐えること、②土圧や水圧などによって基礎が転倒したり、すべったり、沈下しないことを確かめなければならないと定めています (同法施行令7条)。

間知石練積み擁壁については、土質に応じた勾配を確保し、高さは5ｍ

以下にすること、下端や上端で一定の厚さを確保すること（同法施行令８条１項１号・別表第４）、コンクリートを用いて一体の擁壁とし、かつ、その背面に栗石、砂利または砂利混じり砂で有効に裏込めすること（同項２号）などを求めています。

昭和40年建設省告示1485号は、宅地造成等規制法15条の規定に基づいて擁壁の設置基準をより詳細に定めています。ブロックおよび胴込めコンクリートの強度や擁壁の曲げ強度等を規定するとともに、上記の施行令と同様に、胴込めコンクリートによって擁壁全体が一体性を有する構造であること（４号）、擁壁の勾配および高さが背面土の内部摩擦角およびブロックの控え長さに応じた一定の基準を満たすこと（６号）、擁壁のすべりおよび沈下に対して安全である基礎を設けること（７号）、擁壁の背面には排水をよくするため栗石、砂利等で有効に裏込《うらご》めすること（９号）などを定めています。

また、鉄筋コンクリート造擁壁であっても、間知石練積み擁壁であっても、裏面の排水を良くするため、壁面３m^2ごとに少なくとも１個の水抜穴（内径7.5cm以上）を設け、かつ、擁壁の裏面の水抜穴の周辺その他必要な場所には、砂利その他の資材を用いて透水層を設けなければなりません（同法施行令10条）。

これらの規定に反する擁壁は設置基準に違反する瑕疵があるといえます。

しかし、宅地造成工事規制区域外で造成工事をする場合や、宅地造成工事規制区域内で切土・盛土が「造成工事」に該当しない場合にこれらの技術基準を守らなくていいのか、問題になります。

建築基準法施行令142条は、擁壁の構造について破壊および転倒を防止することができるように求めていますが、それ以上は触れていません。しかし、これらの技術基準が擁壁の安全性から規定されたものであることを考えると、宅地造成工事規制区域の内外を問わず、また、造成工事に該当するか否かを問わず、擁壁の安全性に関する「一般的な技術的基準」であると考えるべきではないでしょうか。実際にも、各地の地方自治体が開発行為の審査基準を設けて、その中で宅地造成法上の技術基準と同様の技術基準を設けています

〔図〕 間知石練積み擁壁（高さ３ｍ）

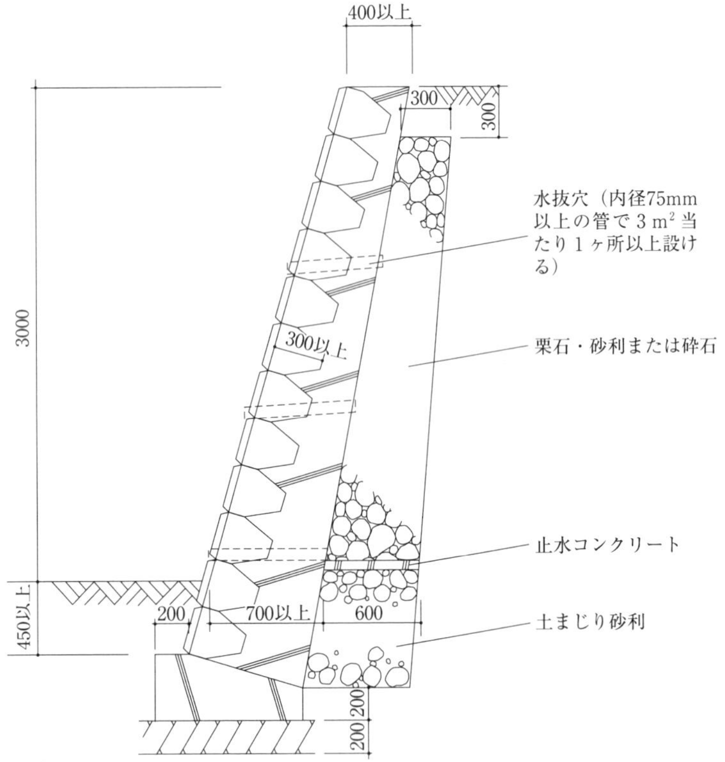

から、上記の基準に合致する設計を求められています。

〔図〕 鉄筋コンクリート造擁壁（高さ３m）

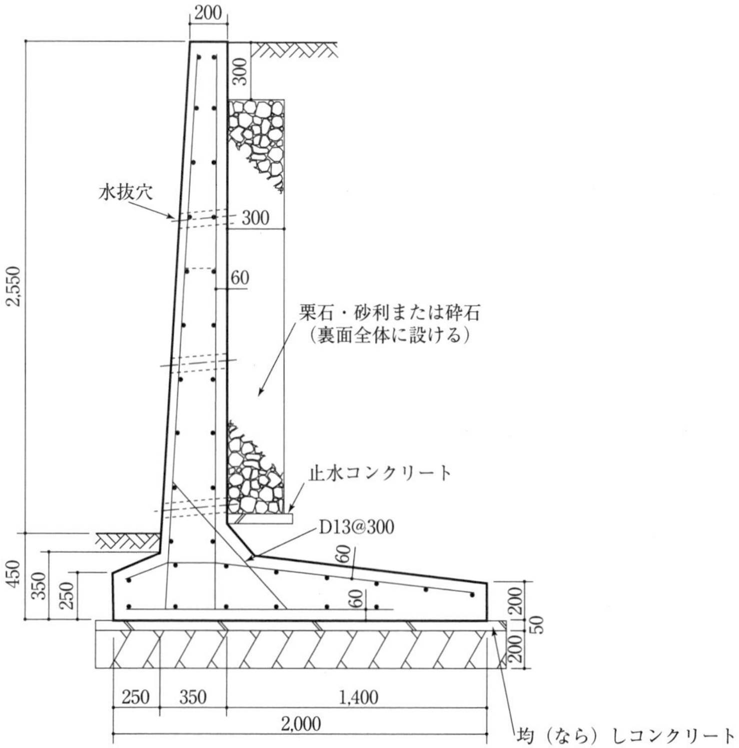

Q２　ブロック塀の安全性

A　昭和53年に発生した宮城県沖地震では、ブロック塀や石造塀などの倒壊で多くの犠牲者が出ました。倒れた塀が道路をふさぎ、避難や救助、消防活動を妨げることも明らかになりました。

ブロック塀は身近なものだけにその安全性には注意を要します。

ブロック塀の正式名称は「補強コンクリート造のブロック塀」といいます。ブロックの縦横の溝に鉄筋を配置して補強されたブロック塀です。

ブロック塀は、建築基準法施行令62条の８で、高さ2.2m以下に規制されています。あまり高いと転倒のおそれがあるからです。高さは、低い方の土地から測りますが、土地に側溝などの低い部分がある場合には測り方が決められています。

〔図〕　ブロック塀の高さの測り方

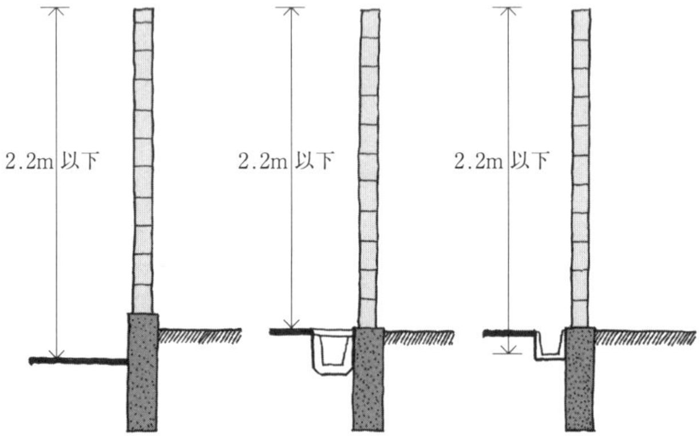

（隣が地面の場合）（フタ付きＵ字溝の場合）（Ｕ字溝の場合）

高さ以外の構造についても次のとおり、基準が設定されています。

①　壁の厚さは15cm以上とすること（２m以下の場合は10cm以上）

②　基礎と壁頂部には９mm以上の鉄筋を横に入れ、壁の端や角には同

じく９mm以上の鉄筋を縦に入れること

③　壁の内側は80cm以下間隔で配筋すること

④　長さ3.4mごとに控え壁を設けること（高さ２m以下は不要）

⑤　鉄筋の端部は折り曲げて定着させること

⑥　基礎の丈《たけ》は35cm以上、根入れの深さは30cm以上にすること

古いブロック塀の中には基礎部分が小さく、根入れの深さが不足しているものをよく見かけます。

〔図〕 ブロック塀の構造

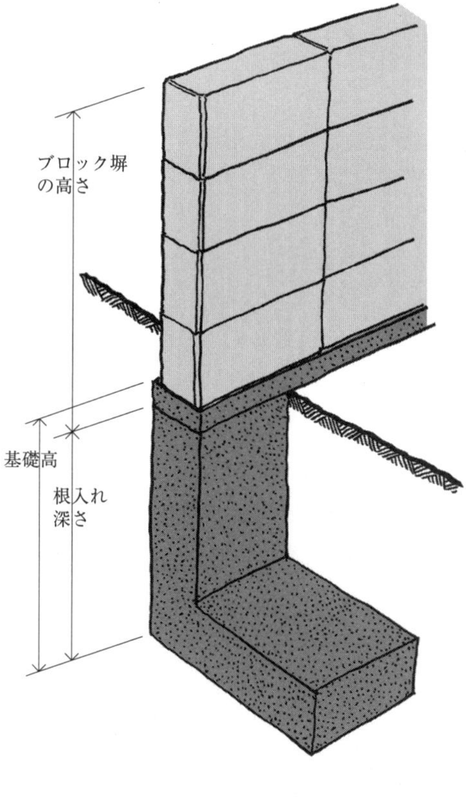

第12章

欠陥調査

Q1　欠陥調査の目的

A　欠陥調査を行う目的は、建物に起こっている現象を明記し、その原因を明らかにすることです。通常、ひとつの現象にはいくつもの原因が考えられるので、欠陥現象から欠陥原因をきちんと分析できているかどうかが重要です。

たとえば、ドアや窓などの閉まりが悪い場合、ドア枠や窓枠の施工が悪ければそれ自体が原因ですが、家が不同沈下を起こしてその結果ドアや窓などの閉まりが悪くなる場合もあります。その場合、ドアや窓の閉まりが悪いのは「現象」にすぎず、原因は基礎の欠陥です。土台の木材が腐っているために枠が下がってドアや窓などの閉まりが悪くなる場合もあります。その場合は、土台の腐れが壁内の内部結露が落ちてきた結果なのか、それとも屋根や壁からの雨漏りが柱や壁を伝って落ちてきたためなのか、土台が腐った原因を分析しなければなりません。

現象の中には、建物が古くなると発生してくるものもあります。たとえば、モルタルの外壁が古くなると窓枠回りにひび割れが入ることがあります。窓枠回りのモルタル外壁にひび割れが見つかった場合、そのひび割れはひび割れ防止対策が不十分なために起きたのか、建物が古くなって必然的に起きたものなのか、区別しなければなりません。つまり、原因が欠陥によるものなのか、それとも建物の年数が経つことにより次第に性能等が落ちて発生する現象（経年劣化現象）なのかを判断します。

欠陥の原因が分析できても、法的な「瑕疵」に該当するかどうかは、建築基準法令や法令を具体化した告示、建築学会の標準的な規準などの瑕疵判断基準に照らして判断する必要があります。

そのうえで、欠陥を直す補修工事を立案し、その工事費用の見積もりをしてもらいます。補修工事に必要な期間を示し、工事期間中に住人が転居しないといけないかどうかも検討してもらいます。

最終的には、欠陥を生み出した責任は誰にあるのかについての見解を示してもらう必要があります。

欠陥調査報告書の作成には、建物の大きさや構造の複雑さによって多少の違いはありますが15万円～30万円程度の費用がかかります。調査の中で、地盤のボーリング調査や構造耐力の計算などが必要な場合には、調査実費や計算費用などの実費がこれに加算されます。

訴訟に発展した場合には、こちらで作成した欠陥調査報告書の内容に対する相手方の反論の当否を１級建築士も交えて検討するための費用や、欠陥調査報告書の内容を法廷で証言するための費用（打ち合わせ日当・出廷日当）などもかかります。

〔表〕　実費負担が必要な欠陥調査費用の例（木造住宅の場合）

調査内容	調査個所	費用
地質調査（ボーリング）	１カ所	20万円程度
地質調査（サウンディング）	４～５カ所	５～７万円
水平測量・垂直測量	１戸	５万円程度
構造計算	１カ所	５万円程度
雨漏り実験	１カ所	５万円程度

Q 2　欠陥調査の手順

A　欠陥調査は、「建物概要調査」「目視調査」「詳細調査」という流れで行います。

「建物概要調査」は、契約内容や瑕疵補修合意の内容を確認するために契約書や保証書を調査し、建築確認済証や設計図面、工事写真などの資料を収集するなど、先立って事前に情報を整理する作業です。

「目視調査」は、その名のとおり、建築士が建物を目で見て、現在現れている現象や状態を調べ、欠陥原因を推定する作業です。欠陥原因を確定するための詳細調査の方法を考案し、その費用を見積もって、欠陥調査報告書作成の見込みを示します。屋根裏に上がってみたら、屋根裏の釘打ちで防水紙が破れている個所が発見できた場合など、目視調査だけで欠陥原因までわかることもありますが、目視調査だけでは、欠陥の原因までわからないことが多いものです。

「詳細調査」は、目視調査の結果で推測した欠陥原因が正しいかどうか、解体調査や機械調査などを行ってより詳細に調べるものです。雨漏りの場合には、水掛け実験をしたり、仕上げ壁を剝がして雨の侵入個所を特定します。建物の不同沈下の場合には、地盤の地質調査をしたり、基礎や床の水平レベルを測定します。

これらの調査結果を欠陥調査報告書にまとめてもらいます。

その項目は、まず建物概要調査で収集した図面や契約書や写真などの資料をリストアップして、建物の構造、建物の設計概要、建築確認済み証の内容、契約内容、瑕疵保証内容などを明記します。次いで、目視調査や詳細調査の方法とその結果を写真や図面を使って説明し、欠陥の判定結果、責任の有無、補修方法の説明、補修費用の見積もり、工事に必要な期間、補修工事に伴う引越しの必要性などを記載します。この部分がいかに説得的であるかが、欠陥調査報告書の出来を左右します。

欠陥がひどく建築業者の姿勢や技量が大きく疑われる場合や、設計監理をすべき建築士の対応に大きな問題がある場合は、単に欠陥判定だけではなく、建物の出来具合に関する概括的な意見を示して貰うことも必要です。

欠陥調査報告書の作成者は、通常、建築士です。技術士や施工建築管理技士でも作成できますが、建築士は建築士法21条によって「建築物に関する調査又は鑑定」を行うことができると定められています。

(報告書の一例)

Q 3　破壊検査と非破壊検査

A　建物の詳細調査の方法は、非破壊検査と破壊検査に大きく分けられます。

非破壊検査とは、検査機械を使って外部から建物の欠陥を調べる方法です。建物を傷めずにすむのが最大のメリットです。適切な検査方法であれば精度の高い結果が得られますが、検査や解析の原理が専門的であるため、理解するのに手間がかかります。

非破壊検査の例として、鉄骨造建物の超音波探傷検査や鉄筋のかぶり厚検査、配筋検査、タイルの浮きを発見する外壁赤外線検査などが挙げられます。鉄筋コンクリートの鉄筋位置の検査方法には電磁波レーダー法、電磁誘導法、X線透過撮影法などいくつかの方法があります。コンクリートのひび割れ深さは超音波装置で検査することもできます。

（超音波探傷検査）

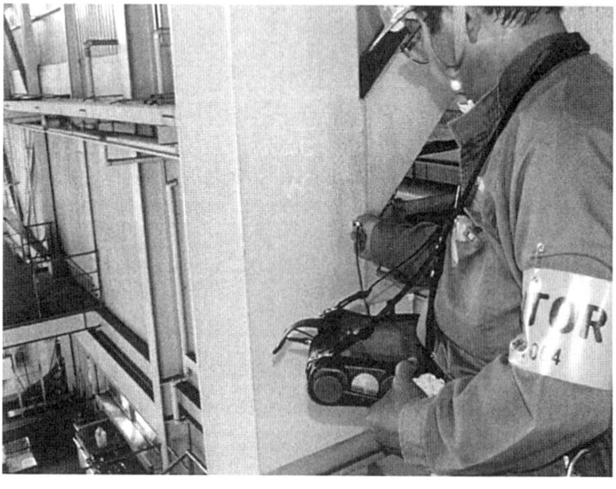

破壊検査は、建物の仕上げ材をはつって欠陥箇所を露わにしたり、調査対

象の建材を採取するなど、建物の一部を破壊して行う検査です。欠陥が目に見えてわかるのが大きなメリットですが、原状回復をきちんとしなければ、二次被害につながる危険性があります。また、費用面でも原状回復費用も含めると非破壊検査より費用が高くなりがちです。

破壊検査の例として、木造建物の壁をはつって筋交いや金物の有無などを調べる耐力壁検査やコンクリートの強度試験・中性化試験、鉄筋をはつって上端の鉄筋を露出させるかぶり厚試験などが挙げられます。

（かぶり厚試験）

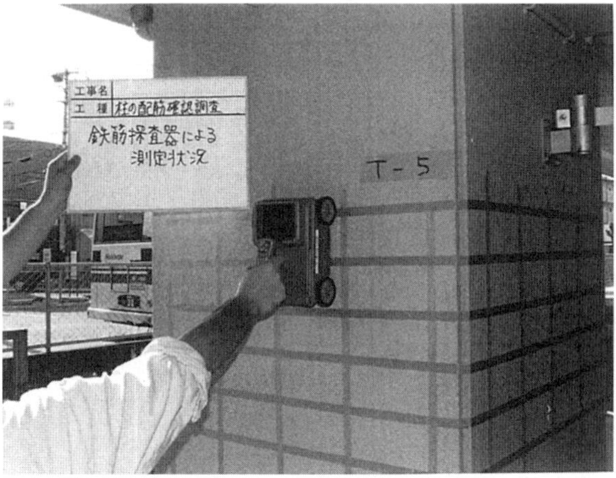

木造建物の構造的な欠陥は、X線撮影法などの非破壊検査を行うと費用が高くなるため、破壊検査によらざるを得ないのが実情です。鉄筋コンクリート建物では、躯体のコア抜きを行うことで、鉄筋の位置やかぶり厚さ、鉄筋の径や腐食の有無、コンクリートのひび割れ深さ、中性化の進行具合などを直接確認することができます。

非破壊検査と破壊検査のいずれも可能である場合、費用・説得性・建物の温存などの観点から、両者を組み合わせて立証資料とするのが有効です。

Q 4　欠陥調査報告書作成上の注意点

A　欠陥調査報告書は、欠陥の技術的な内容が素人にもわかりやすく書いてあること、裁判官が判決を書くときに必要な情報が盛り込まれていること、この2点が肝要です。

建築士が書いた欠陥調査報告書には専門用語が多く、解説しないと理解ができないことが多々あります。欠陥調査報告書の専門用語には、解説をつけてもらいましょう。

わかりやすい欠陥調査報告書にするためのチェック項目は以下のとおりです。

①　欠陥現象自体の記述がわかりやすくなされているか。
②　欠陥現象の発生場所（位置や数）が図面等で特定されているか。
③　欠陥の状態が写真や図などでわかりやすく記載されているか。
④　写真の撮影場所が1枚ごとに特定されているか。
⑤　専門用語の解説が付いているか。
⑥　欠陥原因が明確に記載されているか。
⑦　欠陥の判断基準が何であるか、きちんと示されているか。
⑧　判断基準が告示や技術基準である場合、それらを記載した資料が添付されているか。
⑨　補修工事の内容が記載されているか。
⑩　複数の補修工事方法がある場合に選択の理由が記載されているか。
⑪　見積もりの方法が記載されているか。
⑫　瑕疵ごとの補修費用が算定されているか。
⑬　見積もりに使用材料と単価数量が記載されているか。
⑭　実際の補修工事の工程で重複して不要になる補修費用が整理されているか。
⑮　補修工事期間やその間の使用可能性について記載されているか。

Q５　欠陥の判断基準

A　欠陥の判定基準の第１は、設計図書の記載内容や見積書の記載内容です。設計図書には、設計図や特記仕様書・共通仕様書・構造計算書などが含まれます。設計図書や見積書が当事者の合意内容を図面化したもの、文書化したものであることを考えると、これらが欠陥の判断基準になることは当然です。

最高裁は、施主が阪神淡路大震災の教訓から通常より断面の大きな鉄骨の使用を指示して建てたワンルームマンションの瑕疵について、「当事者間で、本件建物の耐震性を高め、耐震性の面でより安全性の高い建物にするため、主柱につき断面の寸法300mm×300mmの鉄骨を使用することが特に約定され、これが契約の重要な内容になっていたものというべきで、この約定に違反して、同250mm×250mmの鉄骨を使用して施工された主柱の工事には瑕疵があるものというべきである」と判示し、当事者間で特に合意した設計内容は瑕疵の判断基準になることを明言しています（最判平成15・10・10）。

住宅金融支援機構（旧住宅金融公庫）の融資を利用する場合には、住宅金融支援機構の共通仕様書（いわゆる公庫仕様書）が作成されます。公庫仕様書は建物の基本的な部分の施工について詳細な規定がしてあるので、該当項目についてはこれが欠陥の判断基準となります。

契約基準や公庫基準など当事者間で合意された性能が欠ける場合を「主観的欠陥」と呼んでいます。

欠陥の判定基準の第２は、建築基準法とその施行令、法令の内容を具体化した国土交通省の告示など、いわゆる法令基準です。

建築基準法は、国民の生命、健康および財産の保護を図るため、建築物の規模や構造・設備などに関する最低基準を定めたものです。建築工事前に建築主事等にこれに適合するものであることの確認を受け（法６条）、一定規模以上の建物について中間検査を受け（法７条の３）、工事完了後に建築主事等にこれに適合するものであることの検査を受けなければなりません（法７条)。完了検査が終了するまでは建物として使用することを禁じられています（法７条の６)。違反した建築物に対しては、工事の停止、建築物に除去等の措置等をとることができる（法９条）など、これらの基準に違反する建築物が建築されないように規制しています。これらの厳重な規制は建築基準法の最低基準性の強い表われです。

したがって、建築基準法の敷地・構造・設備等の性能に関する規定（いわゆる単体規定）に違反するものは欠陥と判断されます。

このような欠陥を、先述の「主観的欠陥」に対比して「客観的欠陥」という言い方をします。欠陥であることが明らかだという趣旨です。

建築基準法は行政法規ですが、建築物に関する最低基準を定めた部分は、当事者がこれによることを明言しなくても、当然に建築基準法令の最低基準を満たすことを前提にしているものと解されています（大阪高判平成10・12・１参照)。特に建物の安全性に関する規定は、建物の所有者や利用者のみならず、建物の周囲の住人や通行者の安全も視野に入れたものなので、当事者間で勝手に基準以下のものを建築することはできません。工事価格が低廉であったからといって、建築基準法の最低基準を下回る建物を建築することは許されません。

Q６　建築学会の規準と欠陥判断

A　建築基準法や同法施行令の単体規定は、建物の安全性や防災耐火、衛生などの観点から必要な規制をしていますが、すべて網羅しているわけではありません。たとえば、雨漏りを防止する水切りの部分の構造や窓サッシや電気設備の設置方法などについては建築基準法令には技術的基準はありません。

そもそも、建築技術における具体的な施工方法や技術を仔細に特定することは困難です。仔細に規定することは技術の向上を妨げるおそれがあるので、技術基準の細部は時々の標準的な工事仕様書などに委ねられています。

そこで、契約基準や建築基準法令など基準をさらに補充するものとして、日本建築学会の構造設計規準や標準仕様書（通称JASS）が使用されています。

これらの学会規準が時々の標準的な技術水準を汲み上げていることに照らすと、建築業者がこれらと違った工法で施工した場合には、建築業者が当該施工方法が標準的な技術基準と同等以上の性能を有することを具体的に主張立証しなければならないと解されています。

判例上も、日本建築学会の鋼構造設計規準に示された「完全溶け込み溶接」が瑕疵の判断基準になると判示した大阪地裁昭和62年２月18日判決、薄板鋼構造設計施工規準に示された鉄骨の板厚について判断基準になると判示した大阪地裁昭和57年５月27日判決などがあります。

これに対し、「このような技術的基準は、①それが建築実務に携わる者にとって一般的な基準になっており、請負代金の中にこれを織り込んでいると理解できる場合か、②安全・衛生等の見地から必要最低限の基準であり、代金額の如何にかかわらず遵守されるべき基準だと考えられる場合にかぎり、その違反が瑕疵になりうる」と、限定的にとらえる立場もあります。

いずれにしても、契約書や仕様書、設計図に「日本建築学会の〇〇規準による」との記載があれば、欠陥の判断基準になることに異論はありません。

((財)日本建築学会作成の技術規準書の一部)

Q 7　品確法のガイドラインと欠陥判断基準

A　平成11年 6 月、「住宅の品質確保の推進等に関する法律」（品確法）が制定されました（施行は平成12年 4 月）。この法律は、住宅の性能に関する表示基準を定め、これに基づく評価制度を創設し、住宅にかかる紛争の処理体制を整備するとともに、新築住宅の請負契約や売買契約における建物の重要な部分の瑕疵担保期間を10年間としたものです。

この法律の制定と同時に、住宅紛争処理機関で使用する基準として「住宅紛争処理の参考となるべき技術的基準」（いわゆるガイドライン）が定められました。

ガイドラインは「不具合事象の発生と構造耐力上主要な部分に瑕疵がある可能性との相関関係」を定めるものです。

具体的には、不具合事象の程度を、「構造耐力上重要な部分に瑕疵が存する可能性」を「低い（レベル 1）」、「一定程度存する（レベル 2）」、「高い（レベル 3）」の 3 つに区分しています。たとえば、床の傾斜について、構造耐力上重要な部分に瑕疵が存する可能性について、「3/1000未満の勾配の傾斜」をレベル 1（低い）、「3/1000以上6/1000未満の勾配の傾斜」をレベル 2（一定程度存する）、「6/1000以上の勾配の傾斜」をレベル 3（高い）と分類しています。

このガイドラインを欠陥の判定基準に使う人がいますが、これは誤用です。ガイドラインは、あくまでも「不具合事象と構造耐力上主要な部分に瑕疵が存する可能性との相関関係」を示したものなので、欠陥原因との因果関係がすでに判明しているものについて、この基準を持ち出して、許容範囲内であるというような議論をすべきではありません。制定過程においても「欠陥推定規定」であることが排除された経緯があります。欠陥の否定的推定のために利用される危険性があるので、ガイドラインの説明文には、「この基準は、構造耐力上主要な部分における瑕疵の有無を特定するものではないため、レベル１に該当しても構造耐力上主要な部分に瑕疵が存在する場合があり、またレベル３に該当しても構造耐力上主要な部分に瑕疵が存在しない場合があること」を留意すべきであると、わざわざ留意書きが記載されています。

　ガイドラインは、従来の欠陥判断基準よりやや緩やかであり、ガイドラインを欠陥の判定基準と理解すべきではないと言われています。

Q８　公庫仕様の住宅とは

A　従来から、多くの国民が住宅の建築・購入のために「住宅金融公庫」（現住宅金融支援機構）の融資を利用してきました。

住宅金融公庫とは、低金利・長期ローンで住宅取得資金を貸し付ける金融機関です。住宅金融公庫が融資する対象の住宅は、建築基準法令に適合していることはもちろんのこと、主に耐久性能や断熱性能に関して公庫が定めた技術基準への適合が求められます。

耐久性能の具体的な施工基準としては、基礎や柱などの構造部分の強化、腐食・シロアリを防ぐための措置などが挙げられます。省エネルギーやバリアフリーなどの政策的課題に対応した基準もあり、これを満たす住宅は割増融資の対象となっています。

住宅金融公庫は、この技術基準を含め、建物の工事一式についての標準的仕様をまとめた「住宅金融公庫共通仕様書」を発行していました。これは、「公庫仕様書」と呼ばれ、対象住宅の設計検査や工事請負契約書に添付する書面として使われました。公庫から検査を依頼された指定機関は、設計検査だけでなく、中間現場検査や竣工現場検査を行い、対象住宅が公庫仕様書の技術基準に適合するかをチェックしました。

(公庫仕様書)

住宅金融公庫の融資住宅の建築確認申請の際には、施主と施工業者の連名で仕様書の表紙に署名・捺印して、建築確認機関に提出しました。このため、建築請負契約に個別の定めがなくても、この連名署名の存在が公庫仕様書が定める技術基準に従った建物を建築するという当事者間の合意を認定する手がかりになります。

住宅金融公庫は2007年に独立行政法人「住宅金融支援機構」に移行しました。現在は、民間金融機関が利用者に住宅ローンを貸し付けると同時に、住宅金融支援機構が当該ローン債権を譲り受けるという形態の融資運用を行っています。この融資は「フラット35」と呼ばれています。

機構は、フラット35の対象となる住宅の技術基準を含め、建物の工事一式についての標準的仕様をまとめた「住宅金融支援機構共通仕様書」を発行しています。これは、従前の「公庫仕様書」と同じ役割のものです。

Q９　補修工事の見積もり方法

A　損害賠償の内容となる補修工事費用は、補修工事に要する客観的価額と理解されています。これを相当補償費といいます。

相当補修費と工事費用の見積額とは区別しなければなりません。見積額は、個別の建築業者もしくは設計士が補修工事を受注する金額として提示するもので、契約上の代金額です。相当補修費はこうした具体的な受給関係から離れた客観的な工事金額であり、公刊の積算資料や物価版などの工事単価に関する資料から算出される適正価額であると理解されています。

ただし、工事が特殊で適正な工事単価が見いだせない場合は、建築業者の見積もりを参考にします。たとえば、地盤沈下補修工事のアンダーピニング工事の費用などは業者の見積書の金額を利用します。

補修工事費用は、欠陥ごとに見積もりをします。

欠陥が複数ある場合は、裁判所で欠陥と認定されるものと認定されないものに分かれる可能性がありますので、欠陥の補修工事費用は個別に算定しておかなければなりません。大きな欠陥の補修工事が小さな欠陥の補修工事を包摂している場合（たとえば、雨漏りによる壁紙の取り替えと壁紙のよじれ・模様ズレがだぶる場合など）でも、欠陥の原因が異なる場合は個別算定が必要です。相手方の補修費用との比較を可能にする意味でも欠陥ごとに補修費用を算定する必要があります。

しかし、重複した補修工事費用は認められませんので、どの欠陥の補修工事と、どの欠陥の補修工事が重複しているかは、備考欄に明記しておく必要があります。もしくは、主な欠陥補修工事をしたらどの補修工事が必要なくなるかを明記しておくといいでしょう。

大規模補修工事や建て替え工事の場合には、当初の工事より性能が向上する場合があります。たとえば、地盤沈下の事例で布基礎を杭基礎に変更した場合がそうです。補修工事の範囲が建物の主要構造部分の過半を超え、新たな建築確認が必要となったため、現行の建築基準法で導入された新基準への適合を求められ、その分だけ性能が引き上げられる場合もあります。たとえば、雨漏りの補修のために内装材を取り替える工事をしようとしたところ、シックハウス対策のために内装材を「F☆☆☆☆」に取り替えたり、新たに換気設備を設置しなければならなくなることがあります。

最初から補修工事と同様の工事をした場合には、工事代金の増額分は本来、施主の負担です。したがって、増額分がある場合には、その増額分を損害から控除すべきであるという主張が出てくることがあります。

補修費用の算定時期が問題になることがあります。算定時期は、瑕疵担保責任の場合は補修要求時です（最判昭和54・2・2判例時報924号54頁以下）。不法行為に基づく損害賠償の場合は、通常、建物の引渡し時です。

Q10　補修工事に伴う損害

A　補修工事の内容によっては、室内の日常生活が困難になり引越しを余儀なくされる場合があります。たとえば外壁が撤去されて室内で生活ができなくなったり、土台をジャッキで上げるために上下水道・ガスなどの設備配管を外して風呂に入れない、トイレを利用できないなどの支障が出る場合がそうです。

したがって、補修工事を立案するときに、これに付随してどのような日常生活上の支障が生じるかは、建築士が明確にしておくべきです。

通常、建物の構造躯体をいじるような大がかりな補修工事の場合は以下のような諸費用がかかります。補修費用の見積もりの際、これらの引越し費用や代替住居確保費用も見積もり項目に入れてもらうと、損害の立証は簡単になります。

① 引越し費用（往復・エアコンの移設費用を含む）
② 代替住居費用（工事期間＋事前１～２週間＋事後１～２週間）
③ 代替住居の仲介費用
④ 短期の賃貸借に伴う原状回復費用
⑤ 引越しのための休業損害
⑥ 仮移転先通知費用

●事項索引●

【か行】

【た行】

【な行】

【は行】

●編著者略歴●

簑原信樹（みのはらのぶき）

1952年、福岡市西中洲生まれ。九州大学工学部建築学科・富井研究室（耐震）卒業後、地元ゼネコンの設計・積算業務を担当。1982年１級建築士登録を行い、株式会社市浦都市開発建設コンサルタンツを経て、1989年に株式会社簑原アメニティデザインを設立。新建築家技術者集団全国常任幹事、NPO 法人日本民家再生協会理事、日本建築家協会正会員九州支部福岡建築相談室副室長、福岡建築環境問題研究会代表理事、欠陥建築九州ネット幹事。

〒810-0074　福岡市中央区大手門3-7-13　㈱蓑原アメニティデザイン
TEL092-716-6178

幸田雅弘（こうだまさひろ）

1952年、福岡県直方市生まれ。京都大学法学部卒業後、1981年に司法試験合格し、1984年に福岡県弁護士会所登録。福岡第一法律事務所、九州合同法律事務所を経て、2009年から六本松法律事務所を開設。福岡建築環境問題研究会代表理事、福岡住環境を守る会代表委員、欠陥建築九州ネット代表を務める。2001～2004年度福岡県建築紛争審査会会長。日弁連公害環境委員会委員。

〒810-0044　福岡市中央区六本松3-11-44　六本松法律事務所
TEL092-738-5223

●執筆者略歴●

矢野間浩司（やのまこうじ）

1967年、大阪府生まれ。1990年、筑波大学第三学群社会工学類都市計画主専攻卒業。1990年～2003年大手住宅メーカーに勤務、その間に都市開発部門、住宅部門で企画・営業・技術を担当。2007年福岡大学法科大学院修了、新司法試験合格。2008年福岡県弁護士会弁護士登録。弁護士。１級建築士。福岡リーガルクリニック法律事務所勤務。

越川佳代子（こしかわかよこ）

1977年、石川県金沢市生まれ。立教大学理学部卒業後、２年半民間企業のシステムエンジニアとして勤務。2004年司法試験に合格、2006年に大阪弁護士会登録し、欠陥住宅関西ネットに所属。2009年、福岡県弁護士会に登録替え後、同年12月より六本松法律事務所に勤務。欠陥建築九州ネット、福岡建築環境問題研究会会員。

●イラスト作成者略歴●

簑原正子（みのはらまさこ）

1951年１月１日、福岡市生まれ。地元小中学校を経て、筑紫女学園高等学校卒業後、1973年に武蔵野美術造形学部卒業。社会人を経験し、1980年に結婚し、以後、主婦業。長女、長男、二女の三人の子育てを終え、依頼があれば、趣味のイラスト画を描く。

あ　と　が　き

欠陥建築訴訟を何件か手掛けて建築というものを少し勉強すると、「建築というのは実にわからないことが多い」と思うようになる。

建築基準法には「雨漏り」に関する規定はない。なぜ雨漏りに関する最低基準を定めることができないのか、識者に聞くと、雨漏りを防止する「雨仕舞い」は施工方法が多様で、このような形にしないさいという「仕様規定」を設けるのは難しいらしい。屋根裏・壁内に雨水が進入するように作ってはならないと規定すると、換気のための換気口や軒天の有孔板などの扱いが難しくなる。そこで、雨漏りは建築業者の施工責任で処理されている。

地盤のこともよくわからない。地盤が家を支える力を表す言葉に「地耐力」という言葉がある。同じような言葉に「支持力」というのもある。どう違うのか。少し勉強すると、「支持力」というのは瞬間的に荷重をかけた時に地盤が支えることができる力のことで、「地耐力」というの「支持力＋変形性能」で、長期間荷重がかったときに沈下する量（変形量）を加味したものであることがわかる。しかし、これで用語の使い方が統一されているわけではないようなので話はややこしい。

建築のことばかりではない。総じて、建築関係の本には規制に関する法令上の根拠が明示していないことが多い。訴状や準備書面を書くときに法令や告示の調査に時間がかかって困っている。

用語の解説や法令・告示の内容を正確に記載したものが欲しいと思っていたら、北九州の山上知裕弁護士が「そんなの作るしかない」と言って民事法研究会の田口信義社長を連れてきた。教えてもらいたいと言っているのに、「お前が書け」というのだから乱暴な話だと思ったが、「書けませんか」と聞かれて、「書けません」とは言えなかった。こうしてこの本は出来上がったのである。原稿の上りが遅い、文章が難しい、イラストがわかりにくい、いろいろと苦しんだが、１年で何とか形になったのは、山上弁護士と田口社長のお陰である。

平成22年10月吉日

弁護士　幸　田　雅　弘

ひと目でわかる欠陥住宅——法律実務家のために——

平成22年11月10日　第1刷発行

定価　本体2,500円(税別)

編著者　　簑原信樹・幸田雅弘
発　行　　株式会社　民事法研究会
印　刷　　株式会社　太平印刷社

発行所　株式会社　民事法研究会
〒150-0013　東京都渋谷区恵比寿3-7-16
〔営業〕TEL03(5798)7257　FAX03(5798)7258
〔編集〕TEL03(5798)7277　FAX03(5798)7278
http://www.minjiho.com/　info@minjiho.com

落丁・乱丁はおとりかえします。ISBN978-4-89628-650-2 C2032 ￥2500E
カバーデザイン：鈴木　弘